图解服务的细节

074

新規客が増える飲食店の店構え

餐饮店简单改换门面，就能增加新顾客

[日] 户田大辅 著

王筱卉 译

人民东方出版传媒
People's Oriental Publishing & Media
東方出版社
The Oriental Press

唤起食欲的店铺门面

改装前后对比集 & 新店开业展示集

有鱼有肉、痛饮葡萄酒的食堂

BAR MAN 天六店（大阪市北区）→ P7

AFTER

BEFORE

门面

- 照明灯的亮度以从道路对面也能看清店铺为准
- 店铺映入眼帘时，要给人“与众不同”的印象
- 统一颜色，营造一体感

菜单

- 从以吃饭为主变为以饮酒为主
- 确定主题“有鱼有肉、痛饮葡萄酒”
- 美味的食物有哪些，明确自家的特色

写在黑板上的菜单

- 把悬挂于店内各处的菜单宣传纸换成菜单小黑板，整齐又统一

天妇罗 & 海鲜

吉平（和歌山县田边市）→ P12

门面

· 借店标营造老店感觉及轻松的氛围
· 用木质围栏将店铺围起，建筑物存在感和派头倍增
· 写下各种食物种类的名称，吸引广泛的客户层
· 大量悬挂灯笼，制造夜晚的氛围

“黑老大烧烤”富士见店（千叶市）→ P16

门面

· 店铺位于二层，但要给人店门在一层的感觉
· 给整个建筑都装上照明设施
· 店名反复出现，强化印象

日本酒和炉端烧

天杯（京都市伏见区）→ P20

门面

· 使用招牌来强调炉端烧的特色，与普通居酒屋相区别

· 卸下细长的招牌，彻底消除便利店的影子

· 展示平民价格，只在入口处营造少许高级感

明石当日捕捞的鲜鱼和乡土料理的美味店铺

“味兵卫”（神户市）→ P23

门面

- 设置大尺寸招牌，鲜明易懂地传达店铺主题
- 把墙壁全部涂成黑色，明确店铺边界
- 在入口的旁边清楚写明热卖菜单

面店

武士道（大阪市西区）→ P65

门面

· 使用四方形之外的造型（扇形），突出个性
· 垂直于店面的红色招牌从远处看也很引人注目，上面写着店铺的主题
· 强化光线，让店铺从周围凸显出来

三野乌冬

一藤（香川县三丰市）→ P66

门面

· 扩大入口处，制作店铺的“脸面”
· 充分利用建筑物的形状，设置圆弧状招牌

韩豚门（千叶市）→ P67

门面

· 使用瞬间联想到韩餐的色彩和文字

· 通过猪脸的立体造型引发强烈的冲击力

· 目标是成为活跃当地的地标

菜单

· 强调烤五花肉的食用方法，让顾客产生获利感

· 在菜单中也使用猪脸卡通形象

神户牛排与肉饼店

“一”本店（大阪市北区）→ P82

门面

· 故意把店门后撤，突出追求高品质的主题

墙面

· 通过柔和随意的文字降低进店门槛（任何人都可以轻松进入）

店内

· 营造提供高品质餐食的神户洋式老店氛围

“浪漫烤鸡”阿方店（爱媛县今治市）→ P118

门面

· 瞄准来超市购物的顾客，店铺要给人价格便宜的印象

· 瞄准带孩子的顾客，制作了吉祥物

· 充分使用能传达朝气感的留白粗体字

天妇罗盖浇饭 & 其他天妇罗料理

“桑天”阿倍野万代店（大阪市住吉区）→ P124

门面

· 展示主打菜单，并公开价格，强化顾客的安心感

· 一眼就能识别的全国连锁店风格的外观

店内

· 使用方向引导线来提高餐桌使用率和服务便捷度

拉面、蘸汁面、手工饺子店

“风神”（山梨县笛吹市）→ P130

外观

· 突出自家制作面条，打造“制面厂”形象

· 大力宣传饺子每天卖出 1000 个

· 锁定“担担面”为当家热门商品

烧烤店

“罗生门”（神户市）→ P131

外观

- 为了提升司机发现店铺的概率，设置了巨大的照片
- 醒目写下“やきにく”（烧烤），明确经营内容
- 1970 年创业的信赖感搭配鲜牛肉的照片，打造吸引力

宴之乡“La Nara”（香川县高松市）→ P134

外观

- 马路对面的停车场人来人往，考虑到来自对面的视线，店铺门面力求一目了然
- 用“围坐品尝家常菜”的招牌引发人们对料理的联想
- 舍弃“家宅一样”的外观，营造符合“餐饮店”的氛围

“窑烤鸡本号”松山三番町店（松山市）→ P136

门面

- 突出“当家菜”引起人们的兴趣
- 大尺寸招牌固定在柱子上

目　录

• CONTENTS •

前　言

感谢您在众多书籍中，拿起这一本。

选择这本书的您，是餐饮店的经营者、店长，或是由衷希望餐饮店的生意更加兴隆的人吗？不管是哪一类，您一定期待店铺比现在更加兴盛，能被更多的顾客选择，没错吧！

这本书正是为有这种愿望的餐饮店经营者或店长而写，书名和封面也是为了唤起您的阅读欲而定的。

书通过封面和书名选择读者。也就是说，书为了能被目标读者选中而努力。同样，您店铺的门面也在选择顾客。

您知道吗，如果您的店铺生意很好，意味着门面已经被目标顾客选中了。反之，则说明门面没能选准目标顾客。请先理解这一点。

忘了做自我介绍。我是本书的作者、日本中央标记有限公司的户田大辅。我经营广告牌公司 25 年，专门从事餐饮店门面制作工作5年。我经手的餐饮店门面已超过千家。

迄今为止，通过制作大量的招牌、门面，我不仅知道了要让店铺顺利发展（生意繁荣）需要做什么，还知道了不能做什么。在这本书里，我把多年的实践经验和运用知识积累而成的技术，用浅显易懂的语言进行解释，希望您能读完整本书。

阅读之后，您再看自己的店铺，一定会有许多新的感悟。

请您以这些感悟为契机，从力所能及的地方入手，改进店铺。您必定能感受到店铺的变化，并且引导出好的结果。

可能出现的变化有新顾客（以往没有的阶层）来店，各种问询数量增加，主打商品更加畅销，树立口碑等。此外，在细微处一定还会有更多的变化。随之而来的结果是新顾客数量增加，顾客消费单价上升，店铺销售额也跟着上升。请您期待这些变化，一页页地阅读本书吧。

您的店铺还有很多魅力没有表现出来。您只要把它们不加矫饰地展现出来，传递给大家就可以了。这与竞争对手、商圈、目标客户等让人为难的要素没有任何关系。起决定作用的是从店铺前经过的人们的感受。就好像一本书，看着书名和封面就很有意思，您感觉能从中学到东西一样。您要做的就是借助门面，让人们感到东西看上去很好吃，并不需要考虑其他的。

是的，店铺门面的关键之处，就是唤起顾客的食欲。在这本书中，我将按顺序告诉您该怎么做。

好，让我们开始吧。

第一章

改换门面
就会改变销售数字

1. 门面的作用

门面的作用大致分为两方面，一是“吸引效果”，一是“品牌效应”。

所谓“吸引效果”，以拉面店为例，就是“我们正在制作什么样的拉面”中“什么样”的部分。也就是具体展示用何种方法提取高汤①合成汤汁，面条的制作有怎样的诀窍和讲究，价格多么合理，分量特别充足等信息，并把它们直接传递给经过店铺门前的人们。

“吸引效果”是个人经营的店铺或小规模连锁店经常使用的方法，告诉顾客“本店是这样的，真是与众不同”，目的是竭尽全力地宣传自己。

说到“品牌效应”，大家联想一下连锁店就很容易理解。比如，我们一看到汉堡包连锁巨头“M”的商标，脑海中立

① 高汤：通常指用海带和木鱼花熬制而成的汤汁，日语为“だし”。

刻会浮现出店名，这就是品牌效应。当侧重品牌效应时，吸引效果就会减弱，只要让大家了解店铺的位置，并找得到就可以了。因为它的品质及菜单内容已经广为人知。

家庭餐厅①等也是如此，他们的“吸引效果”往往只体现为一张海报。也就是写在店铺外面的那些“○○促销”“○○热卖”等。越是全国规模的连锁店，吸引效果越弱，不足的部分通过电视广告来弥补。

相反，个人店的店外宣传就很多样。他们打出旗幡，展示大量广告牌，想尽办法让自己更引人注目。这种店外宣传的差异，正是顾客区分连锁店和个人店的关键。宣传手段越多，顾客越会觉得，“哦，这里是自家开的店吧”。

观察回转寿司连锁店也可以发现，各家店铺基本没有在店外做太多文章，仅限于摆设旗幡而已。因为他们只需让顾客知道“一碟100日元”已足矣。店铺已然有了知名度，纷乱的宣传就是画蛇添足了。

打造“品牌效应”的成功典范当属星巴克咖啡。星巴克咖啡完全不使用商业广告或宣传单，只靠地理位置和外观一

① 家庭餐厅：以家庭（3人以上）为主要客户群的餐饮店，遍布日本各地，多为连锁店，也有极少数个人店。特点是从菜单内容到价格都很亲民，性价比较高。

决胜负。对自身品质有信心也是“品牌效应”的体现，然而不可否认，仅凭它外观的魅力就吸引了消费者。品牌商标已在社会中普及也是原因之一，但这种方法对个人经营或刚开张不久的店铺来说，既难以模仿，又要花费时间。

正因为像星巴克这样的企业在全国各地拥有连锁店，他们才可以实施商圈分析及市场调查。他们调查劳动人口的百分比、年收入及家族人数等，做出销售额预测，为经营成功提供保证。而这些分析及调查恰恰建立在店铺数量的基础上。

反观个人经营的店铺，他们没有这样的经验，也没有这样的知识。因此，个人店在进行门面设计和制作时，要明确自己在新顾客眼中的定位，是希望被当作个人店就可以，还是希望被当作连锁店，然后在这个基础上选择设计和制作方案。

店铺也可以因地制宜，如果周围连锁店较多，就干脆走个人店风格。现在的连锁店中，也存在模仿个人店经营的例子。

家庭餐厅等连锁店的优势在于给人安心、安全、清洁之感，以及给人适宜携家人一起就餐的印象等。个人店的整体情况顾客不了解，如果店长看上去不太讲卫生，恐怕顾客内心就会涌现“不想吃这个人做的沙拉”的不安感。当然，话说回来，说不定也会遇到用料讲究、食材新鲜、非常美味的个人店。

另一方面，连锁店使用冷冻食材——即使大量流通也可以降低食物成本和价格，顾客难免对品质心怀不满。综上所述，连锁店和个人店各有利弊，要根据自家的商品、地理环境考虑哪种店铺类型更有利，同时结合经营方向，探索怎样才能最有效地向顾客展现自己。

对于已经来店的顾客，门面起的作用可能不大。它更多是面向不太了解店铺情况，甚至连店铺的存在都不知道的人进行展示的道具，因此，设计和制作出让第三者也能理解的门面是最理想的。

我工作时，要在完全理解老板或店长需求的基础上思考。他们通常认为，“店铺信息都已经传达给顾客了吧”，但这不过是一厢情愿的设想，绝大多数时候，信息都没能百分之百地传递出去。因此，我的作用就是成为店主的构想和经过店铺门前的行人之间沟通的桥梁。

老板或店长必定有许多想法要传递，如果方式太过直接，顾客的反应很可能是“算了吧，饶了我吧”。这里重要的是不要弄错顺序，并且既要用文字表达，也要进行整体形象的营造，让顾客形成“应该是这样一家店吧”的判断。

如果老板或店长想表达的信息都以文字形式体现在门面上，顾客就需要把它们通读一遍。阅读需要耗费气力，对顾客来说想必不容易，因此，如何运用图画或照片让顾客一目了然地把握整体气氛，如何以尽量少的文字把信息传递出去，就是我的职责所在。

一次研讨会上，我向大家展示了一组照片，内容是一家餐饮店改换店面前后的对比。我问大家想去哪一家，所有人都选择了后者。我问为什么，大家的回答是“看上去挺亮堂的”“感觉很有生气”“好像挺热闹的”等。这些答案都很抽象，而不是“因为哪道菜很便宜”之类的具体回答。通过这个例子，大家都可以看到，顾客选择时，首先考虑的是店铺氛围，并且瞬间就做出判断。

当然，也有“个人喜好”的因素。门面中包含设计的元素，结果其实是在用店主喜欢的、认可的设计选择顾客。喜欢它的顾客选择这里，反之选择别家。

门面就是“与新顾客的不期而遇”。让迄今为止对这家店铺毫无兴趣的人因为门面改变而产生兴趣，让门面成为吸引顾客进店的契机，这样使店与人因门面而相逢，是非常重要的。

2. 案例5则

下面，我们来介绍改换门面带来入店率、餐桌周转率、营业额等变化的案例。这些案例中既有产生细微变化的，也有大幅度改变的。改变出现在哪里，对顾客的"吸引效果"体现在哪里，请大家跟我一起看看。

案例①　有鱼有肉、痛饮葡萄酒的食堂[①] "BAR MAN" 天六店（大阪市北区）

【背景】

这家店的老板经营着海鲜大排档、烤鸡串店和意大利餐吧等数家店铺。我协助他们完成了意大利餐吧的改装工作。

【问题】

我对这家店的第一印象是昏暗，其次是路过也视而不见，就是"唷，这是家餐厅吗"的感觉，完全引不起食欲。店门玻璃上杂乱地写着些文字，店里面也看不清楚。从顾客角度

① 此处的"食堂"指日本的一种大众化餐饮店，而不是设于企事业单位内部，供员工或学生等就餐的场所。

看,“连入口在哪儿都不知道”，希望店家能够全面改善。

所谓第一印象，顾名思义，就是映入眼帘时的最初印象，也就是顾客凭直觉做出的判断。对餐饮店来说，留给顾客的第一印象非常重要。请试着从店铺前走过，如果你不能瞬间萌生“这家店有特色，得进去看看，能吃点儿什么呢?”的念头是不行的。

大家看照片可以发现，店门口的遮阳篷上有一块招牌。如果思考一下招牌想让谁看，就会意识到，它被挂在过往行人看不到的位置，无法进入人们的视野，根本没有意义。因此，要说有谁能从某个方位看到它，就只有店铺对面的人和车了。车辆经过只是瞬间的事，我很担心招牌上的信息能否真正传递给车里的人。我们必须考虑的是，是否每一块招牌都真正起到了作用，是否它们真正进入到了店铺锁定的目标客户群眼中。

【改进点】

假设就餐的顾客走进店里，映入眼帘的是明亮灯光下的几个字“海鲜意大利餐吧”，顾客却觉得这里怎么看都像是大众食堂，没有饮酒的氛围。要知道，少许昏暗的气氛才更助酒兴。询问店长得知，酒精类饮料销售得并不顺畅，顾客基本把这里当作食堂而已。可能因为老板主要经营海鲜大排档和烤鸡串店，以往开设的店铺都是以高声吆喝着“欢迎光临”这样活力四射的模式揽客。但是既然要做“意大利餐吧”，就必须调整氛围。

这里再强调一下，虽然老板用文字形式传递了“海鲜意大利餐吧”的信息，顾客却没能产生共鸣。顾客在看过店铺的门面，感受了店内外氛围后，认为“这里更像是一家大众食堂”，和“海鲜意大利餐吧”的店名并不相符。所以说，不能单靠文字，而是要营造整体氛围，否则没有意义。

我最初做的是修改菜单和包装菜品。我首先考虑它们作为商品，实力是否过硬。门面需要高度凝练店铺整体内容之后集中表达，因此我要知道哪道菜美味，哪道菜如何通过精工细制而成。

我从菜单入手，思考希望什么样的顾客光临，什么层次的顾客比较多，然后按照顾客的期待改换菜单内容。我和大家一起出谋划策，共同决定。比如，“意大利餐吧”不是大众食堂，因此要以酒精类饮料为主，并配上一些餐碟盛放少量食物，这样才有喝酒的感觉。这家店的关键词就是“吃肉和痛饮葡萄酒”。

接下来，我一边和大家商谈包装菜品，一边提出门面的概念性粗略方案。我只提供一种设计样式，因为我并非设计师，而是个做门面调整的人。既然目标是增加新顾客数量，那就要考虑如何能吸引顾客轻松走进店里，而不是单纯地完成门面设计。最终效果要体现在销售数字上，但我深知提升数字的方法。

我对这家意大利餐吧进行了如下改装。外观部分包括：修改遮阳篷上的招牌和“BAR MAN”几个字。我把招牌上的文字加大，使得车上或是对面人行道上的行人都能看到。我还为招牌旁边凸出来的圆形广告牌加上一圈闪烁的灯饰，让它更引人注目。为了强化整体感，我还改换了遮阳篷的颜色。

我拆掉入口处的两扇门，修改了店门朝向，做出与人行道垂直的平面，目的是吸引路人停下脚步。我把门和外墙的颜色统一，提升存在感。还给一块带小脚轮的“立式招牌”（店铺原有之物）更换了表面的亚克力板。

我在门口的玻璃窗下张贴写有菜单的海报，同时增强了照明，让光线可以照到海报上。然后，在入口对面的墙上贴了店标，当然，这也是修改店门朝向的原因之一。同时，在旁边的墙壁上制作了放葡萄酒的架子，把小黑板挂在架子上方，写上菜单，并安装玻璃，以便店家从厨房直接看到店内。这样就能及时、迅速地看到顾客的行动或点餐需求，方便服务。最后，为了方便顾客看到推荐菜，我在门口处支起一个画架，充当宣传展架，在上面放置了推荐菜品的宣传板。

店内的改装主要有：更换所有壁纸，我把贴在墙围部分的黑色壁纸全部换成白色，打造清爽的氛围；还在柜台周围斜着装上黑板，上面留出放葡萄酒的位置；我把原来挂在墙上的黑板、衣架和镜子统统撤掉，替换成红色墙纸和涂漆绘制的地图；这家店使用的鱼肉食材都来自产地直送，对此，店家原本用文字进行了说明，但是顾客通常不看，所以我又加了图片来强调。因为店门口处都是玻璃窗，所以从外面就可以清楚地看到店内的墙面，让墙面也起到招牌的展示作用。

其实，招牌越多越显土气——做广告牌起家的我似乎不该这样说，特别是顾客对个人店铺多少心怀不安，因此要向大家展现店里的样子，给大家安全感。也许店家并不希望过多暴露店内风景，但是顾客很想看。如果看不到，进店就成了需要勇气的事情。所以，请店家把能展现的统统展现出来吧。当然，并不是说需要刻意把招牌都藏起来。

这家“意大利餐吧”改装后还未满一年，最突出的变化是顾客数量增加了。据说改装后首月来店的人数上涨到原来的 180%，现在的增长率也保持在 150%左右（截止到 2014 年 10 月，本书以下案例皆同）。

案例② 天妇罗 & 海鲜店“吉平”[①]（和歌山县田边市）

【背景】

这是一家天妇罗定食专营店，今年开业第 5 年。受地域等因素影响，店主感到仅凭天妇罗战斗力不够，决定改换菜单，同时改装门面，我接下了这件工作。

【问题】

现在天妇罗专营店在日本正有增加趋势，但在此地，这种专营店却不适合。在大都市或闹市区等人口聚集地，专营店或许可以发挥其特长，但在另一些地方，顾客来到专营店里，通常会提出“有乌冬面吗”“有咖喱吗”“有炸猪排盖饭吗”等询问，这些地方的专营店会有餐品种类不足的尴尬。

一看店铺外观，就知道这里原来是家庭餐厅。店内陈设精良，外观却不甚讲究，特别是引导顾客的招牌“吉平”和它上方的小招牌“特色虾套餐”，从车里统统看不到。店铺外表缺乏活力，感觉不到正在营业。停车场也设在里面，从马路这边望过去，无法判断店里有没有顾客。

---

① 日语店名为“よし平”，为便于文字叙述翻译为“吉平”。

综上所述，这家店受地理位置所限，居民基数比较少，因此当务之急是增加菜单内容，提升顾客的来店频率。对于由于店铺地处郊外，而造成酒水销售不利的情况，必须通过扩大来店顾客的年龄层来弥补，让这里成为不管老人还是孩子，各个年龄层的顾客都可以光顾的餐饮店。

还有一个问题：晚餐是这里的软肋。如果只有天妇罗、盖浇饭和定食，作为午餐很合适，但放入晚餐菜单就稍显单薄。所以要增加晚餐的菜品种类，让顾客多少喝点酒，构建近似居酒屋的环境，营造出各式料理无所不有的氛围。

【改进点】

这家店位于交通干道沿线，道路笔直。在它前面还有家烧烤店，因此即便立起招牌，也很有可能被遮挡，无法及时看到。另外，原来在餐厅后面的建筑物没有了，店铺变得从后面比较容易看见。于是，我抓住这两点来为店铺重新规划。

我进行了如下操作。首先，修改店名“吉平”的字体，让它们看上去轻松随意。虽然原有字体也并非刻板，但新字体强化了个性和统一感。同时，因为招牌要挂到高处，距离观者较远，所以我把字数减到最少。

其次，为了告知大家“昭和八年创业”① 的信息，我制作了店标。添加店标可以凸显老字号的感觉。为了让人们感受到历史气息和老字号的韵味，同时又不觉得门槛很高，我选择了轻松且有亲和力的店标样式。

新

旧

在亲和感中展现老字号的味道

原有家庭餐厅的痕迹使店铺外观缺乏冲击力，为了增加气势，我在从马路望向店铺的方向，在最容易被看到的位置上挂起一排主体招牌，把海鲜、天妇罗等所有料理类别都写在上面，并把招牌适度倾斜。这样做，一是为了方便开车人

---

① 昭和八年：公元 1933 年。

观看，二是鞠躬行礼的意味，三是制造动感效果。招牌如果紧贴墙壁，就等于完全保持静止状态，而如果稍作倾斜，就可以表现出动感、活力和气势。

我还在招牌下面挂了一排灯笼，上面写上菜单。文字内容倒不重要，重要的是用灯笼的数量营造氛围，以及借灯笼特有的趣味彰显活力、热情和整体的夜晚效果。灯笼随风晃动，既能提升亮度，又提升了店铺被发现的概率。

店内原本很昏暗，从外面看不清楚，为了让大家看到里面的风景，我除去了周围所有的树。然而一览无余也不好，还要装上木质围栏制造距离，让人们感觉店铺大气、有深意、环境舒适，在拓展店铺格局的同时，让建筑物震撼力倍增。

我在店外的最高处写上了主要的营业内容。因为最高处很容易被看到，所以要利用好这个重要位置告诉人们这家店卖什么。至于营业内容，我干脆缩减成天妇罗和海鲜两项，把字数控制到最少。这家店的外观没有用一张相片。为了渲染手工制作的感觉，我通过手画的插图来表现美味、个性及对食材的讲究。

这里的销售额也从重新开业后的第一个月就上升了。店长表示，相比 5 年前刚开张的时候，重新开业后无论营业额还是兴旺度都有过之而无不及，实在是太好了。

重新开业之前，还有个小插曲。当时装修还在进行中，就有路过的顾客走进店来。他们看着屋里，意识到“啊，还在装修呢”，又走出去了。这样的事发生了好几次。到距离开张还有 3 天的时候，店里也亮堂起来，顾客开始接二连三地往店里来。这样的反响真令人欣喜。

重新开业后，首月销售额达到改装前的 187%。虽然最初吸引顾客的因素是门面，但这家店最终通过增加菜品数量，增添酒水并提高价位，使得销售额和顾客满足度都得以提升。随着时间推移，门面所起的作用会逐渐减弱，还要靠餐饮店自身的实力留住顾客。店铺门面的重要之处就是能够不断招揽新顾客。

案例③ “黑老大烧烤”富士见店（千叶市）

【背景】

这是位于千叶市的一家烧烤杂碎的店铺。最大的卖点是食材新鲜，借用他们的广告语就是：“要找更新鲜的肉就去啃活牛吧！”我为同行业其他店铺改装门面时与这里结缘，他们希望“有更多顾客来店”，我接受了他们的邀请，开始工作。

【问题】

这家店设在二层，一层是一家意大利餐厅。这两层界线不分明，环境又昏暗，招牌上的文字“人生痛苦之时，痛饮 Hoppy① 而 Happy”也小得看不清楚。

入口也不好找。说老实话，我甚至觉得，“还真有顾客愿意来这里啊”。要说二层确实不占优势，但好在这里还有可以向外界展现的空间，如果在建筑物的三层或四层，就更不好办了。

我了解到这家店还是有一定回头客的，只是新顾客比较少，特别是难以吸引女性顾客。

【改进点】

昏暗的环境非常不利，但是这里地处繁华路段饮食街的拐角，是个好位置。只能说，他没有被人们注意到，实在太可惜。我对改装的考虑是，先建立起店铺的整体感，更要突出存在感。因此，我把整个建筑都加上了照明设施。既然店铺位于不想看也得看的位置，就干脆让这里彻底亮起来吧，这样总能进入人们的视线了吧。

还有一点，如果进店要先上楼梯，然后才能看到“黑老

① Hoppy：日本啤酒品牌。

大烧烤”几个字，这样的设置让人觉得这家店很不好进。对此，我把楼梯围起来，让大家看到一层有入口。这样就变成进店之后再上楼梯的感觉。

包括店门口在内，老板希望店铺形象能焕然一新。于是我改变了店标的字体，还做了“ⓗ”的标志。这是一家营业多年的老店，有自己的标志可以增添情趣和深意。“黑老大烧烤”这个店名也很有意思，我改用了可以彰显元气和活力的手写字体。

“黑老大烧烤”的旧版店标形态比较圆润，给人轻松温和的感觉，却缺少气势和强度。我认为就门面来说，当然也包括店标在内，表现出店铺的强势和力量是非常重要的。

新店标以简约的设计凸显店铺的兴盛

“强势 = 简约”。文字太多，反而显得软弱。一句铿锵有力的话赫然出现在眼前，可以留给人们深刻的印象。同时，即使是一个店标，也要结合目标客户特点，变换成与店铺主题相契合的造型。

虽说“黑老大烧烤”的目标客户是男性上班族，但我在门面中加入了优雅和时尚的元素，重新开业后，女性顾客占了近一半。正是乍看不像烧烤店，而像居酒屋的外观拓展了客户层。

因为店铺位于二层，所以我反复集中地（甚至是不厌其烦地）使用了“黑老大烧烤”几个字。我的意图是通过同样的文字连续出现让人们记住这家店。举个例子说，当你驾车行进时，在沿途看到写着“西瓜”二字的牌子不断出现，你很可能就希望看到西瓜货摊。同理类推，这样的反复连续性可以让人们记住店名，也能引起人们的兴趣。

灯笼能让建筑物整体看上去更高大，又兼具照明功能，所以我在店铺外装了几排灯笼。它们也平添了个性和热闹的氛围。我在每排灯笼之间装上了凸出来的木头隔板，为的是防止光线混杂在一起，以及漏到一层去。因为这家店的营业时间比一楼的店要长，这样做也是避免一层店铺提意见。

重新开张后，“黑老大烧烤”的销售额达到了改装前的

140%。至今已有一年多，营业额依然保持在原先的120%左右。店铺原本就有忠实的回头客，现在在回头客照旧的基础上，增加了新顾客。

案例④　日本酒和炉端烧“天杯”（京都市伏见区）

【背景】

这里原本是一家酒铺。该店上级企业的社长心怀“让日本酒遍布全日本”的热切愿望，现在经营着名为“时代屋”的烤鸡肉串连锁店。“天杯”的开业缘于店铺负责人秉承社长的愿望，提出“和日本酒相配的不就是炉端烧[①]吗”的设想。我帮助这家店进行了门面的改装。

【问题】

“天杯”开张时，对原先的商店店面几乎原封未动，虽然这里地理位置绝佳，却没能把“炉端烧”的宣传做到位，鲜有顾客知道这里。

说起来，让人看出这个建筑原先是便利店就不明智，会

---

①　炉端烧：“端”是“旁边”的意思，炉端烧就是在方形敞口式火炉边上现场烧烤烹制饭菜的方式。它源自日本东北部宫城县仙台市的传统渔家，历史悠久。炉端烧使用的调味料很简单，因此对食材的鲜度要求较高。就餐时，厨师会事先准备好各式食材，放在方形火炉前，供顾客挑选。顾客选定后，厨师会高声喊出菜品名称，带动用餐气氛，再用长木桨把食物送到顾客面前。

带给人“没有诚意，先把店开起来再说”的感觉。既然没有传递出真心实意、好好经营的态度，顾客自然不会来。而且，从店外也感受不到“炉端烧”的气势或者元气。所以料理也想当然地被认定为是已事先做好的现成品。明明有难得的地理位置，又煞费苦心地准备了精致菜肴，被这样对待实在太可惜了。

【改进点】

我听取了经营者的想法，请他告诉我“想卖什么”“想吸引什么样的顾客”，然后，我确定了创意，为这家店构思了“美味鲜鱼和伏见乡土美酒”的主题。下面要做的就是把这个主题简明地表现出来。

改装第一步，我重写了“天杯”二字，并制作了店标。社长的名字是“井上”，我想用“井”字作店标，店标要有讲究的格式感，因此选用了八角形而非圆形。我觉得必须彻底展现炉端烧和居酒屋的不同之处，想在此处使用正规的字体，于是选择了力道强劲、端正规矩的文字。

第二步，为了消除便利店的影子，我改变了外观原有的布局比例。便利店都会在窗户上方装上长条招牌，只要保留这样的布局，人们就知道这里原先是便利店。几乎所有的店主都会留下这个招牌再次使用，所以不管他们如何改装，都无法摆脱便利店的影子。我摘掉这块招牌，突破原有布局，便利店的感觉顿时荡然无存。我还在建筑物左右两端也挂起招牌，让人们可以对店铺的面积有所认知。

我把菜单写在主体招牌上倾斜放置。此外，因为从对面方向基本看不见店铺，我制作了闪光的招牌，便于路人识别。

我还在店铺外面悬挂了小个儿圆灯笼，长度约 30 厘米。另外，这里既有人行道，又有车辆通过，路过的顾客经常往店里瞟。于是，

新

旧

店标及店名采用了完全不同于居酒屋的式样

我又安设了木质的围栏，让店里的顾客能安心就餐。

我在入口处挂了较长的暖帘，长暖帘会给人高档的印象。虽然门面整体营造出轻松舒服、价格实惠的感觉，但我想仅在入口处让顾客体会到菜品的物有所值和精致感。同时我希望“大家能感受到炉端烧的特色”。

暖帘长度往往和店铺价格成正比，许多高级料理店的暖帘都很长。反之，暖帘较短的店铺给人以大众居酒屋之感，从暖帘长度来表现店铺品位也是一门学问。

重新开张之后，这家店的销售额在平日为原来的两倍，周六日为原来的三倍。至今已有一年多，这个数字依然保持平稳。以前只是人们不知道这里，只要大家知道了，“美味鲜鱼和伏见乡土美酒”的组合一定会生意兴隆吧。

案例⑤　明石当日捕捞的鲜鱼和乡土料理的美味店铺“味兵卫”(神户市)

【背景】

这是一家开业约两年的居酒屋，从神户三宫步行 5 分钟即到，地理位置很好。店铺地处一层，却不被大家关注，店家希望改装门面。

【问题】

如彩页所示，建筑的二层是一家中餐厅，两家店的招牌同为红色。中餐厅也在一层挂了招牌，乍看上去既不知这里是什么店，又不知建筑物的哪部分是这家店的，哪部分是那家店的。也看不见店铺里面。因为地理位置占优，这里倒是一直有顾客光顾。我心中暗想，“还真有顾客愿意来啊”，据说因为这里的菜品味道不错，所以回头客还是不少的。

【改进点】

这是我和顾问公司合作完成的案例，我负责外观部分。我用了半年时间决定主题，以及修改菜单内容和定价。我在菜单中加入了名品生鱼片，主题确定为“明石当日捕捞的鲜鱼和乡土料理的美味店铺”。让顾客在瞬间理解这个主题可能有难度，因此我尽可能把招牌做得很大，直接把主题写在上面，当作店铺的前墙面，力求放大视觉效果。

这家店位于三岔路口，有一条小路通过店铺门前，下车后稍走一段，店铺便映入眼帘。请大家记住，最大限度地利用有限的空间是设置招牌的原则。

为了让人们知道店铺在一层，我把这一层的外墙全部涂成黑色。因为黑色是这个建筑物的对比色，这样可以清楚地表现一层的存在感和明确边界，这对于路人一眼就能发现店铺是非常重要的。我还在店门旁边用大号字写上了热卖菜单，清楚明了，同时提升了店铺的视觉冲击力。

我把建筑物右侧的窗户全部打通，让外面的人能看见店里面。店铺四面从齐腰处往下都是墙，白天总会因此感觉光线不足，好在晚上只要店里开灯，光线就会透到外面，感觉很热闹。

构思这家店的门面时，我力求整体设计张弛有度。比如，清晰勾勒店铺边界以明确大小，最大限度地利用有效空间，放大招牌的视觉效果，尽量把店内陈设透过窗户展现出来等。

这家店的销售额在改装后的第一个月达到原先的 142%，现在则超过 200%，已接近 230%。对比原先的数字，变化非常明显。

正因为这里原本就提供精致的美食，改装后才会有这样理想的效果。先前只是不为人知而已。

3. 餐饮店和其他行业的区别

当今，很多餐饮店都有自己的官方网页。说到网页，有些人喜欢在上面无目的地浏览，但更多的人是有目的地检索。

比如，为了寻找特定商品而进行调查。检索想要这样的衣服，想要这样的DVD，发现有关信息，点击进入主页，满意就购买，否则再转到其他页面。

如果在实体店，当我们想购买的商品很多店都有时，肯定会货比三家才决定。我自己买A2尺寸的画框时，前后逛了好几家五金店，才最终确定买哪个。像五金店、加油站及书店这样的地方，即使店铺不同，店里的商品也往往大同小异，这些地方的招牌或门面仅起到名牌、记号的作用，和它们本身的吸引力基本无关。

然而就餐饮店而言，使用门面的动机及目的却有所不同。大家知道它们的差异在哪里吗？

当我们在实体餐饮店门前的路上看到店铺招牌时，可能会瞬间产生兴趣，感到饥饿，也可能是我们因感到饥饿四下寻找才发现了店铺。

比如，路边有盖浇饭店、咖喱店、拉面店和乌冬面店，我们也许会犹豫不决，不知选哪家。我们或许根据店铺的吸引力选择，又或许因为招牌、门面的设计好坏改变决定。这就是门面的有趣之处，也是它和官方网页最大的不同之处。

所以说，机会就在这里，实体餐饮店要鲜明地表现出与别家店铺的不同之处才是关键。

当然，不能排除特例。如果某家店铺的美味已获顾客认可，那么即便它在离车站很远、交通不便的地方，或者在山里偏僻的地方，人们为了一饱口福也会前往。对这样的店铺，招牌及门面的作用就另当别论了。

4. 招牌可以做到的，招牌必须做到的

我的工作就是给餐饮店做门面。简言之，门面需要的是“让店铺看起来很有吸引力和让菜品看起来很美味”。顾客进店的目的不是别的，就是吃东西。“吃东西 = 有食欲”，所以重点在于如何让大家看到这里有好吃的，如果再用一句脍炙人口的广告词宣传，并放上菜单信息，就更好了。

大家可以想想，我们对于既没见过也没听说过的食物，是不是需要点勇气才敢品尝？

就拿最近出现的卡博料理①来说，我觉得要普及起来，似乎得花些时间。人们还是会在一定程度上回避全新的东西——虽然也有好奇心占上风的时候。说到好奇心，我想顾客们更情愿在蔬菜煎饼店点一款“加了足量山药，松软黏稠的某种口味的蔬菜煎饼”② 等比较不容易出错的东西，或者“非常新鲜的某种当地特产”等。

确实有乐于试错、勇于尝试的顾客，但那只是极少数。对经过店铺附近或在商圈内的顾客，关键还是要投其所好，宣传他们容易产生好感的餐品。

要想尽办法让店铺的目标顾客，也就是店主希望光临的顾客来店。如果你想让 30 岁到近 50 岁的男性来店，就设计他们喜欢的门面，如果希望女性顾客来店，就设计她们喜欢的门面。

目标客户层很多样，可能有难以归类的部分，要调查什么层次的人可能成为你店铺的顾客，以此来思考适合你店铺

---

① 卡博料理：起源于中东，主要以煎烤方式烹制肉类、鱼类及蔬菜的料理。

② 蔬菜煎饼日语为“お好み焼き”。制作时，在面糊中放入足量山药泥，面饼会更加松软可口。

的内容。思考的方法很简单，就是把目标客户层喜欢的东西“简单又美味地制作出来”。让你家店铺的魅力尽情展现在门面中吧。

需要注意的是，店家一定有很多想表现的，店铺的魅力肯定也不止一点。但是，即使在门面或招牌中展现很多内容，路过的人们也不会因此产生兴趣。也就是说，人们如果不想看，即使店家展现再多，也不会看。

因此，为了让人们产生兴趣，修改措辞或改变表现方法很重要。门面或招牌起着让大众都能了解店铺魅力的“解读作用”。价格或内容一般用文字说明，而整体形象等则通过照片、设计及配色等“制作技巧”来展现。

5. 门面重在客观评价及讲求效率

有一个词叫作“需要与供给”，给予者和需求者的供需刚好完全匹配，顾客就会上门。反过来说，顾客不来的原因就是供需之间出现了偏差，或者说，店铺对顾客的判断出现了问题。

我们对自家的店铺，有没有觉得“嗯，差不多就可以了”，对自家制作的菜品，是不是也仅满足于“嗯，差不多就可以了”，是这样的吗？

这里有一个重要标准，永远不能把鱼钩垂在没有鱼的水池里。“店铺年头长”和“店铺不干净”的含义完全不同。营业多年却依然保持清洁的店铺，让人觉得能做出精致的料理。顾客嘴上不说，心里多半也会这样想。这一点与顾客进店息息相关，特别是女性，对清洁度尤其敏感。如果是男性，即便感觉拉面店地板油腻粘脚，也不会太在意。

店家总是对别家店或记挂惦念，或批评指点，对自家店却往往心中无数。这里有种种背景和缘由，比如店家不能随意花钱用于装修，每家店都有处理工作的优先顺序。必须要做的事情有许多，虽然对门面不满意，但考虑到现有的经济实力，就只有先忍耐吧。

当然，所谓优先顺序也是因店而异。经营有方的负责人都会把钱优先投在“顾客利益”和“为员工营造完善的工作环境”上。

也有的店长对我的建议表现出“嗯，这个先放一放吧”的态度。比如，有的蔬菜煎饼店使用的覆膜菜单，软软的不易翻看，店家却置之不理，或者就算发现了，也因为要花钱而推迟处理。像这样对关键问题漫不经心的店铺，通常都会经营不善。

个人经营的店铺也有不少类似案例。可能由于对顾客感恩之心的淡薄，很多经营者认为，“顾客就应该上门来，没什么可说的”。

面对冷落的门庭，老板或店长也会发出“顾客为什么不来呢”的疑问。理由不言自明，如果想提升新顾客数，就要明白店里还有很多让顾客不舒服的地方需要改进。

换个话题。大概四年前，我接手过某蔬菜煎饼店的改装工作。改装前的店铺外观如酒店一般，完全没有蔬菜煎饼店的样子。虽然店墙上装着玻璃，可以看见店里面，但里面的样子让人感觉别扭。

这家店的餐品价位其实很低，店口处却给人昂贵之感。像这样硬是把进店的门槛抬高意义何在，我无法理解。

店家让我想办法消除顾客产生的误解，于是我重新规划了门面。改装后顾客数量大大增加，我却遭到店主的投诉。原来，改装后来店的顾客只剩下原先认为这里价格太贵的人群，之所以出现这样的结果，是因为我把价格及餐品名称展示在店外，极力表现蔬菜煎饼店的氛围，造成顾客层产生了巨大变化。

顾客数量虽然上去了，我心中却留下了疙瘩。在肯定效果迅速显现，来店人数提升的同时，我也从店主投诉中受益良多。

我把门面视为一种“速度”工程。所谓“速度”，就是从完成门面到产生销售额的整个期间。有时候我们看到门口没有任何招牌的拉面店前，也有顾客在排队等候。要达到这样的结果，恐怕需要很长的周期吧。

要让顾客认可一家店，需要相应的时间。这是需要耐心和毅力的时期。我的工作就是在无须给菜品降价的前提下，缩短顾客来店所需的周期，这也是门面的作用。原本需要两年才能达到的客流量，实际只过了半年就达到了，这也是我实际完成的案例。

开店之初，店员们尚未习惯工作，大家慢慢起步，边学习边推进，这是一种战略。也有的店铺选择一开业就广招顾客，确保营业额。这两种方法皆可行，就比例而言，后者更高。由于每个月都有房租、人力费等固定支出，所以最好还是尽快提升销售额。

还有重要的一点，不要让店铺出现看上去很冷清的时期，因为会影响店员的士气。

我自己以顾客身份外出就餐时，经常有感而发，“如果这家店把门面改一改，销售额一定会突飞猛进，实在是可惜啊！”我也会向店家建议，“能不能让招牌更清楚明了些？”不过我不提自己的职业。

如果列举店铺的可惜之处，首先有“不知这家店是卖什么的”，其次，“店门口不干净”也可列入其中。有些店铺门前摆放绿植等观赏植物，但枝叶都已枯萎，让人深感无奈。每家店都有自己的目标，遗憾的是似乎很多事情都安排得不够周到。有的店甚至还把这些不周到的地方视为自己的“特色”。还有的店悬挂的灯饰有不亮的灯泡，招牌上某个字掉了，招牌有不干净的地方等。

通过以上列举，我们可以举一反三，只要能意识到的问题，其实有很多都可以立刻解决或者加以修补。有不少凭借一己之力让门面提升销售额的案例。有些店家没意识到的地方，顾客也会意识到，只要把这些加以改进，顾客的目光就会大不一样。

这就好像人的仪容服饰，即使这个人打扮并不时尚，也没有名牌加身，但只要干净整洁，也会给人留下很好的第一印象。

第二章

你店铺的门面是24小时『工作』吗？

1. 你的顾客是谁？

实际经营中，可以想象老板或店长期待各方顾客纷沓而至。然而顾客的喜好各不相同，如果不在开业之初限定菜品数量，菜单便会无限度地增加。哪怕只增加一道油炸食品，厨房就不得不添置一口炸锅。因此，要优先考虑不会无端增加烹调器具的菜品。

是从菜品出发，还是从店铺空间大小出发，这也需要具体问题具体分析。如果营业地点已经确定，就要考虑这个位置适合什么样的餐饮，如果一心想开鱼料理店，或者连锁餐饮店，就要寻找与之适合的场所。

你在构想自家店铺时，也许在潜意识下，总会有理想的地点及菜单。甚至还应该有来店顾客的大致形象。只要你能提供这些顾客喜好的食物，就一定可以取悦他们，所以重要的是先明确你心中的构想。

前几天，电视上播放了某旅游地酒店重生的纪录片。我看后有感而发，缩小目标客户范围非常重要。比如，说到家庭旅行谁掌权这件事，十之八九是母亲吧。父亲主导的情况很少见，通常都是不管孩子说什么，最终还是要听母亲的。

也就是说，如果酒店可以投母亲所好，就能提升一家人光顾的可能性。特别是祖孙三代一同出游时，由母亲执掌决定权的情况非常多，只要摸准她的喜好，就可以顺藤摸瓜地抓住其他人，因此，酒店可以准备好让母亲心情舒畅的空间或者其他有意义的礼物，也可以组织全体员工共同商议让母亲高兴的点子。

以上方法也适用于餐饮店。目标顾客都有固定层次，先找准带头的客户层，提供可以让他们高兴的料理、服务或氛围。

同时，顾客会根据不同目的选择不同的餐饮店，因此，必须明确自家店铺要为哪类顾客提供什么类型的服务。比如用于情侣约会、商务谈判、宴会、家庭聚会等。确定了这些以后，只要按照他们的喜好设置门面即可。

如果店铺地点已经确定

如果店铺地点已经确定，就需要调查周围存在的竞争对手，以及这里是不是能产生销售额的商圈。

我曾经去爱媛县看过一个客户的店铺，这家店主要做烤鸡肉串、小锅什锦饭、炸鸡块等。通过商圈分析得知，区域内有将近100家居酒屋，进一步调查各层次居民的收入、家庭构成以及年龄等信息后发现，从外部来到当地的年轻家庭非常多。

按道理讲，只要成为这个阶层喜欢的店铺就可以了，但观察商圈内其他餐饮店发现，除了两家回转寿司店和一家家庭餐厅以外，几乎全是居酒屋。凭店家现有的条件，很难在这样的环境下立足，于是我提议他们转变为以家庭为对象，主打“烤鸡肉串”的餐厅。“烤鸡肉串”每一家居酒屋都有，所以要营造可以全家聚餐的店铺氛围，同时准备炸鸡块及米饭类等面向家庭的菜品。

归根结底，店铺还是要结合商圈特点瞄准目标客户层，才比较容易获取经营成功。

可能大家普遍认为，居酒屋菜单丰富，必然能吸引各种各样的顾客。实则不然，现在最难经营的正是居酒屋。因为店铺数量过多，现在的顾客更愿意选择专营某类料理的店。就连原本不过是居酒屋里一道菜的炸鸡块，现在都出现了专营店，让人着实吃惊。一家店铺菜品越丰富，专业度便相应降低，顾客也会因此止步。

举一个其他行业的例子。假设你想购买雷克萨斯（LEX-

US）二手车。如果在网上输入“丰田 二手车”，会检索出很多词条，而如果改为“雷克萨斯 二手车”，检索结果就会瞬间精减。点击最上面的词条，多半会进入丰田品牌专卖店，但是页面上还有其他车型，不易锁定目标。如果进入只有雷克萨斯一种车型的某个页面，你觉得可以从中挑选，不知不觉地就购买了。

实际生活中可能没有人会在网上买雷克萨斯，我想说的是，设计专用网页，浏览到此的人便会产生这里专业性很高的印象。展示方法越是与众不同，越会唤起消费者的购买欲望。

举个极端的例子，如果拉面店的全部菜单只有一种拉面，恐怕人们会认为无法经营，然而那里却排起了令人吃惊的长队。菜单内容并非越多越好。相反，请记住，越是紧缩受众范围，商圈越会拓展。

我自身也是广告牌公司的经营者，最初我曾来者不拒，把上门来的所有人都当成客户。后来有人问我，“刚才来的这位顾客，真的是你期待的客户吗?”当时，我除了招牌，还承接门面、菜单、名片及宣传页的制作等，业务扩展得很杂，但是哪样都不精。

正是这句话让我思考，我决定把目标客户缩减至餐饮店，业务内容和对象也分别缩小到门面、平价餐饮店上，不负责施工，除门面以外一概不做，我的客户层因此出现改变。这是最近5~10年的事情。我做此决定之后再参加各类宣传活动时，来到我展位的顾客层发生了质的变化。

店铺的地点一经确定，就不能轻易改变，因此把一件事持续不断地做下去非常重要。顾客即便嘴上不说，也一定有人由衷地感到“这家店可真好吃啊”。日积月累，也许你的店还会被媒体报道。瞄准这个方向经营运作，也不失为一种战略。

珍惜眼前顾客

只要是好品质，就一定能通过口口相传得以扩展。在各种门面工作中，我发现最好的餐饮店就是老顾客可以带来新顾客的店铺。而且，店员开口之前，老顾客就会向新顾客介绍说，“这里的这个很好吃”。于是，粉丝就这样越来越多。

然而，要产生这样的粉丝很困难。因为这不仅要靠料理品质，还需要店员的一句话或一个行动，才能实现乘法效应，让新顾客成为反复光顾的常客。

有些店家不珍惜眼前的顾客，却给还没上门的顾客送优惠券，对这样的做法我不敢苟同。与其这样，不如把优惠券反馈给已经来店的顾客要有价值得多。

如果把菜单精减到只做炸鸡块，仅凭“油炸”这一项技术就可以练就看家绝活。同时，炸鸡粉的讲究度，以及配菜的选搭等，这些钻研或想办法的过程会催生出创造性，新的特色店铺很有可能就此诞生。即使不能专业到这一步，在一定程度上绞尽脑汁推敲及花费相应的时间也是非常重要的。

2. 以第一印象判定人和店

对人的第一印象，往往通过看他的“眼睛”决定；对店铺门面的第一印象，往往通过“初次接触店铺时感受到的氛围”决定。人的服装、化妆、发型及配饰等，不正是那个人爱好的选择吗？所以可以说都是他的象征。衣着品味也同样。

此外就是“笑容”。不管男性、女性，只要面带笑脸，就会留给人好印象，亲和力倍增。对于笑容，有人能迅速接受它，可能也有人认为它是不谦虚的表现。至于价值观，要通过交谈来判断。

店铺是否有亲和力，门面也非常重要。有的高级名牌店会刻意抬高门槛。餐饮店中也有门槛较高的店，或者需要顾客鼓起勇气才敢进去的店，这也是店铺的战略之一。

我的客户都是一些比较平价的餐饮店业主，他们经营店铺的大前提是营业内容要一清二楚，还要让顾客可以轻松入店。“可以轻松入店=有亲和力”。关键要一切以顾客进店为优先。对于连门口都找不到的店，顾客恐怕不想进去吧？还有昏暗且不知道卖什么的店，顾客也肯定不会去。

人们看其他人时，会在瞬间确定对方是什么样的人。对餐饮店也一样，顾客的想象力不由自主地发挥着作用，所以要为顾客对店铺留下好印象而努力。对人的第一印象不好，还可能通过交流化解误会，“我判断错了，原来他是个好人”，但对店铺就不会了，如果顾客在一瞬间留下不好的第一印象，就很难再次进店。

因此，让顾客留下美好的想象空间是非常重要的。门面就包含着吸引顾客驻足，对菜品产生兴趣的要素。

门面也有三秒规则

店铺门面需要人来制作。虽说它由设计师和施工队完成，但最终拍板还得是老板或店长的一句话,“就按这个做吧”。门面和人的发型、服装本质相同。就好像喜欢的颜色不等于适合的颜色,老板或店长不能只相信自己的感觉,还要考虑大家看后的感想,这才是最重要的。

我和老板、店长说到上面的问题时,他们总会说,“设计者一打开话匣子,就不再听店家的意见,或完全按照他自己的喜好设计。虽然我们试图提醒他,但对于设计师能否充分表现我们店家的想法,仍然没有把握”。再加上本来就没有充裕的预算,最终很多店家就只有自己解决门面问题了。店家的这种心情不是不能理解,但门面会对日后的销售额产生很大影响,因此不能妥协。

街头有各种花钱享受服务的店铺,比如:美容院、裁缝铺、美甲店等。这些服务本来也都是只要自己动手花点儿时间就可以完成的。把自己可以完成的事情交给专业人士去做,可以做得更完美。

娱乐圈的艺人也正因为有了一流的化妆师及造型师的帮助,才更显光鲜靓丽。关键要看你是否愿意在这上面花钱。化上妆,穿上合适的服装,整个人就会焕发光彩。

店铺门面也一样,你希望门面得到周围人的认可,被认为很有吸引力,你觉得凭借外行人的构思能帮你达成这个希望吗?有一种说法叫“三秒定理”,即印象是在瞬间形成的。

各种店铺遍布街头，人们经常在不经意的漫步中与店铺擦肩而过，一边想着进哪家店好，一边向前走，几步路的工夫，也许已经来不及做出判断了。请牢记，门面进入人们的视野只是瞬间的事，或者不如说，你甚至可以把它想成人们视而不见之物。

选择店铺门面就是选择代表店铺的特色。老板或店长会把这种特色传达给店铺的员工，员工们会依照它接待顾客。顾客们也是在感受到这种特色之后进店的，所以说，来店的顾客和店家有着相同的价值观。话说回来，如何让人们体会到这种特色呢？判断形成于刹那间，所以绝非易事。

考虑顾客的家庭构成及门面的措辞

郊区沿街的店铺和繁华地区的店铺有着不同的经营模式。郊区沿街的店铺主要以驾车经过的人为对象，怎样才能吸引人们的视线，让他们停下车来，需要店家好好思考。如此说来，虽说连锁店的安心感及味道透明有让人们失去新鲜感之嫌，但这恰恰是连锁店的优势。因此，郊区沿街店铺选择接近连锁店风格的门面也不失为一种明智之举。

现在，回转寿司连锁店也在不断进化，他们凭借“100

日元寿司”的安心感招揽顾客，同时在寿司之外增加了拉面、乌冬面、盖浇饭等餐品，有的地方还增加了甜品，他们正在向家庭餐厅慢慢靠近。

回转寿司连锁店在进门处用“100 日元”的噱头吸引顾客轻松入店，店内用内容丰富的餐品提高人均消费额。如果祖孙三代一起光临，祖辈和孙辈点餐内容必然不同，这样下单的数量自然增加。这确实是个好点子。

前几天，我拜访了大阪某韩餐连锁店中的一家。这家店位于十字路口一角，地理位置很好，但是说起来，日本人并没有吃韩餐的习惯。如果走家庭餐厅路线，韩餐给人辛辣的印象，不适合带孩子去吃。不过，这家店刚好经营自助餐，于是我建议他们以此为卖点来宣传。

突出“自助”的形式，而非韩餐，这是瞄准了喜欢自助餐的客户，目的是增加他们来店的动机。自助餐的花费上有封顶，让人比较放心，而且来店的人通常有“即便不太好吃也无所谓”的心理准备，所以可以先借此扩大知名度。只要确实好吃，大家必定还会光临。

提到韩餐，不论哪道菜，越是详细说明，越会给人偏辣的感觉。或许其中的烤五花肉或特辣火锅能符合部分人的口味，或许这里的每一道菜在韩餐中都具有代表性，但是，要说它们是否有吸引力，则要画问号。

所以，我们不如转换思路，在“自助餐”上做文章。“自助点餐”这个词可以营造一些高级感，也与韩餐的特点相吻合。我建议用它代替“自助餐”的说法。所谓“自助点餐”就是不需要顾客亲自起身去取食物，而是坐在座位上点餐，等着服务员把食物送到面前的自助方式。我强调了这个特色，忽略其他的方式。剩下的就是要制作与“自助点餐”的氛围相适宜的店铺门面。

一听到“自助餐”几个字，店铺的门槛就降低了很多。这等同于顾客“可以轻松进店”。接下来就好好考虑目标顾客层的构成，以及有吸引力的门面措辞吧。

3. “看着好吃”胜于“吃着好吃”

“好吃”是品尝食物之后的感想。是顾客进入某家店，在那里就餐后的点评。初次到店的人并不知道这里的味道如何，门面的重要之处就是让这些未曾入店的人，感觉到这家店似乎很好吃。

请大家想象一下在高速公路休息区购买土特产的情景。

我们选择商品外包装时，如果看到“一天卖出几千个”“人气No. 1”等说明，一定会觉得“应该很好吃”吧。或许还会觉得即便外包装不起眼，里面的味道可能也很好吧。绝大多数土特产的价位是 1000 ~ 2000 日元，不会造成购买者的经济负担。

我服务的餐饮店大多是人均消费额不超过 2500 日元的店铺，顾客不用过多考虑价格是这些店铺经营的大前提。他们的主要问题就是如何演绎出“看着很好吃”的效果。来餐饮店的目的无非是品尝美食。虽然也有希望在店里聊天说话的人，以及因时间紧张想快点吃完的人，但大家基本上都带有品尝美食的想法。

即使在店铺前放置了饭菜的样品，如果它被晒得褪色，布满灰尘，或者变得破旧，就无法达到“看着很好吃”的效果。

我自己也很喜欢外出品尝美食。有一次，我在电视上看到一家被特别推荐的拉面店，似乎非常美味，就慕名前往。我到了店外发现，停车场很昏暗，而且一辆车也没有，我心生不安，最终没有进去。

现在，从互联网上也能看到对店铺的评价，可以把它作为选择店铺的参考，但人们还是更相信自己亲眼所见，以及

“看着很美味”的直觉。所以，如何展现出这一点就显得尤为重要。

有些店铺没有在展现餐品美味上花心思，有可能是没有意识到它的价值，也可能是并不认为它很重要，或者没有可以拜托的人，以及不知道该和谁商量吧。“店铺门面”归根结底只是与销售额相关的一个要素，除此之外还有服务、店内布局、菜单构成等许多要素。不管怎样都要把店铺门面优先考虑，是因为如果没有顾客光临，一切都是零。

对店长或老板来说，保证美味是重中之重。他们通常认为“只要准备好美味的餐饮，顾客必定会来”。这种想法不能说错，但也请诸位明白，对于还没尝过这里味道的顾客来说，是否美味是不得而知的。

前几天，某客户向我介绍了公司附近一家颇受好评的居酒屋。据说厨师长以前在割烹①料理店工作过，手艺精到。然而一打听它的位置，我想起这家店我曾经多次路过，认定它的门面很土气。它的外观给我的印象是“年轻的小兄弟尝

① 割烹：日本料理中，割烹并不是料理的分类，而是指顾客直接坐在厨房前面，可以看到厨师制作料理的一种正规餐馆。这种餐馆既有非常高档的，也有很平民化的。

试着开的店”。

因为有了客户的推荐，我打算前去品尝一下，否则，我是绝对不会去的。如此说来，门面还是非常重要的，如果它未能准确传递出美味店铺的信息，不管是对店家，还是对顾客，都非常可惜。

还有一个类似的例子，是我家斜前方的一家中餐厅。单看门面，这家店只能用“令人遗憾”来形容，但据说味道很好，我就叫了一份外卖。果不其然，不但美味，而且下单后仅过了 5 分钟就送来了，速度之快令人惊讶。店家的菜单上写着“快速接单、快速送达”几个字，我由衷地觉得他们应该再多宣传一下自己。这个例子也说明门面展现“看着很好吃”的重要性。

我也因此意识到还有很多餐饮店美味却默默无闻。

店铺魅力没能按预期完成传递

没能向新顾客传递店铺魅力的情况，往往超出老板的想象。不言而喻，要把店长的想法或店铺的吸引力全部传递给顾客是非常困难的事。极言之，即便店家把自己的想法或信息全写在门面上，人们也未必看。为了让人们看，首先要培养兴趣，也就是向人们展现店铺有魅力的照片、色彩、香味及生机活力等，要努力构思能唤起人们阅读意欲的内容。

设置店铺门面有自己的规则，因此在一定程度上存在对错之分。但是超越了对错，就进入“喜好”的维度。因此，规则要在一定程度上遵守，但如果想从“是否传递给了顾客”迈向新高度，就需要再下功夫，让顾客情不自禁地发出“噢！噢”的惊叹。

这也是门面的难点，一旦实现，店铺魅力就会成倍增长。反之，会留下“好像少了点什么的印象”。

我接受每件门面工作时都会考虑，如果隔壁有一家同行业的店铺开业，我能否在竞争中打败它。店铺一旦开业，周边环境很难改变。因此，如果认为商圈内没有竞争对手，就在店铺建设上偷懒，将来必会吃苦头。然而让人意外的是，这样的经营者还真不少。

《龟兔赛跑》中，兔子总是看着乌龟，而乌龟始终看着终点。正如这则故事告诉我们的，重要的是把目标设定在哪里。不能满足于“只要比那家店好就可以”，而是要做到自己心中的最好。不这样的话，日后很有可能陷入艰难的局面。

因此，我总是心怀这样的目标，向生意上的老板及经营者建言献策。有时候甚至热情过头，招致对方退却。话说回来，老板或店长的目标在哪里，是要成为日本第一，还是当地第一，或者有走向世界的抱负？门面展现食物的美味确实很重要，如果能把自家的目标也告知给顾客，就更好了。我也通过聆听店家这方面的想法，调整店铺的工作方案。

前几天，我承接了某日式小餐馆的门面设置工作。这家店地理位置绝佳，很有人气，店里有女掌柜，厨师长也很专业，是家稳扎稳打的店铺。这家店原本从小本经营起步，慢慢扩大，现在经过扩建，已有一定规模，却无法让人们从店外就感受到它的规模。于是他们委托我制作可以解决这个问题的门面。

但店铺的女掌柜自己却犹豫未决，我询问她的想法时，她的意见一变再变。于是，我做了最低限度的建议。因为菜单内容繁多，所以只写最主要的七种，同时标注价格，以便从店外就知道这家店的经营内容，但是女掌柜却希望去掉价格。我还提议把最受欢迎的商品名称写在垂幕上，结果在沟通的过程中，不知不觉地变成了把店铺理念写在上面。

我告诉女掌柜这样很难展现店铺的魅力。顾客们来到店里，是为了品尝美食。明明已经确定了“围坐品味家常菜”的宣传语，她又要在其中加入别的内容，似乎她已经迷失在其中。

我为了吸引更多的新顾客来店，思考如何“让初次来店的顾客也能在此顺利就餐”，我提出了相应的方案，但不知什么时候就变成了只顾表达自己的想法。如何让我的想法回归客户的视角，这是我需要思考的问题。

就这家店而言，恐怕店主在某处残留着“靠自己没问题”的想法。这家店凭借非常不起眼的外观，吸引来这么多顾客，味道也着实不一般，确实非常了不起。就算不是顾客看一眼就想进的店铺，店家也为了能让更多人对这里留下印象，还是要针对潜在顾客，强化认知度。

4. 顾客重直觉胜于重理论

我在前面提到，店铺门面在一定程度上有公式及规则可循，但规则也是一种解释。即使规规矩矩地制作一个累加规则的招牌，也有可能被部分无视，或者因为太依赖规则而错失本质。

比如，试想自己要找一家店吃饭，我们一定有过这样的经历，只是看到拉面店海报上的叉烧肉汁和油脂的质感，就有感而发，“看着真好吃啊，就去这家了！”其实，无非就是这样。

正如前文中多次提到的，人们不会注意店铺。边走路边四下张望各家店铺门面的人几乎没有。正因为如此，我首当其冲要考虑的就是，要让任何人都看明白这家店是卖什么的。就好像不管是百元店还是药妆店，要不就强调“100 日元”，要不就让人想到“药”，大家都是遵循规则，本本分分地制作名副其实的门面。

虽说百元店、药妆店和餐饮店不同，但我建议以更宽广的视角来认知门面。为了经营自己的店铺，从不知道到知道的过程，能够帮助我们形成良好的意识。

同时，所谓“用直觉思考”并非用自己的直觉来思考，而是我们用理论去思考顾客直觉感受到的东西，我以前读过一本书，主题是“为什么人类拥有理性和感性”。

人拥有理性和感性，据说只有感性是与宇宙相连的，因此必须重视它。如何将感性思考的、获得的东西，以不伤害他人的方式变为现实，就是理性。如果店家能兼具理性和感性，他就能和顾客的直觉贴得更近。

店家的直觉和顾客的直觉能在瞬间不谋而合固然最好。如果不能完全一致，最终还是由店家来决定，因此，店家必须长期有意识地保持不亚于顾客的感受力。我总认为只要情感或愿望强烈到一定程度，就一定可以传达出去。店家想做的事，希望顾客来店就餐的情感越强烈，就越会传达给顾客和店员，自然也会表现在食物中。

如果建设一家餐厅以 10 级为完成，可以说，到 5 级、6 级为止就需要理论的指导。如前所述，比如考虑店铺的位置问题，位置固定的情况下要决定经营内容、分析商圈等，这些都是理论。毋庸置疑，这些也都是重要的要素。

但是，归根结底顾客是凭借直觉进店的——一定要牢记这一点。因此，请大家随时保持客观地审视店铺的状态。

单凭理论无法让店铺充满吸引力。理论只能说给有兴趣的人听，否则就是白费口舌。因为顾客来到店里，不是为了听理论的。

综上所述，我把重要的直觉作为店家和顾客达成统一的有效手段介绍给大家。

5. 人和虫都会聚集在明亮之处

餐饮店的营业时间各不相同，既有 24 小时营业的，也有只在白天或者晚上营业的，但基本以晚上营业的居多。极言之，即便完全不对门面做任何修改，只改变照明，就可以期待提升两成左右的客流量。

因此，明亮度是餐饮店首先要考虑的问题。特别是车道沿线或者在地下的店铺，明亮度尤其重要。如果店铺位于下台阶才能看到的地方，台阶昏暗，顾客看不清前方，便会因为害怕不想靠近。

说到照明器具，可以根据上面写明的“瓦数”酌情调节。此外，各类店铺还有统一的色温（单位是开尔文，日光灯的日光色为 6500 开尔文）。海鲜系餐饮店适合白色光，因此多使用约 5000 开尔文的照明灯。如果想营造柔和的光线，可使用桔色光系。经营天妇罗盖浇饭的店铺都使用白色光。虽然白色光属于比较强烈的光线，给人冷淡的印象，但也因此营造出清洁感。

照明是一种形象战略。餐饮店在照明上投入精力不过是最近的事，但现在我们可以感觉到，各餐饮店从各自的照明形象战略到照明设备的使用，都有巨大的差异。人们不再局限于理论，而是切实感受到各种照明“有所不同”。其实那就是色温的差异，但是很多人还没有意识到。

说到照明设施的价格，色温越低的照明设施越少见，价格就越贵。日光灯中也分清凉型日光色、中间型日光色、暖白色等种类①，以 5000 开尔文左右的中间型日光色为主流。清凉型日光色给人寒冷的印象，多为便利店等所采用，却很少用于餐饮店。色温越低光线越温暖，人们相应地感受到高亲和度，但是冲击力减弱。到底优先哪一边，要视店铺的经营内容及情况而定。

某知名手擀面连锁店在照明的使用上出手不凡。他们不仅以大尺寸招牌的冲击力吸引人们的眼球，还在招牌上使用约 3000 开尔文的照明灯表现温厚感和亲和力。他们优先强调招牌的大小，所以故意采用了桔色照明灯。

正如大家所知，在外就餐在某种程度上是一种“非日常”体验。特别是对女性来说，她们希望感受和在家不同的吃饭氛围，如果店铺使用的是普通的日光灯，和在家里就没有什么区别了。

不光店铺里的照明很重要，停车场的也一样重要。特别是开车行进过程中经过的店铺，整体体积越大越容易进入人的视野，因此，包含店铺停车场在内，店铺将光线聚拢成一

① 清凉型日光色为带有蓝色的白光，色温为 6500 开尔文；中间型日光色为接近太阳光的自然光色，色温为 5000 开尔文；暖白色为略带红色的白光，色温为 3000 开尔文。

个整体，就可以起到放大店铺的视觉效果。人们越早发现店铺，进店的可能性越大。相反，最糟糕的就是灯泡不亮或忽亮忽灭。因为明亮度也是与安全感紧密关联的因素之一。

当然，光线昏暗也未必全是坏事。虽说每个人对亮度的感受各有不同，但如果过于明亮，会有抑制酒兴的倾向。因此不少居酒屋即便把门面装点得亮亮堂堂，店内照明会相对昏暗。另外，接待职业女性们下班后聚会的餐饮店，也会考虑到顾客们妆容已残，将照明稍微调暗，反而能让大家聊得更尽兴。此类案例需要具体问题具体分析。

相反，希望提高顾客周转率的店铺多半使用明亮的照明设施。盖浇饭或快餐店等还使用比较硬的座椅，店内空间也比较狭小，为的都是让顾客吃完后快点离开。

从下一章开始，我们具体介绍提升店铺发现率的方法。

第三章

助力提升店铺发现率

（远距离篇）

1. 放大视觉效果是大前提

本章为“店铺发现篇”，为了你的店铺从远处就能被大家发现，我分以下五个要点进行介绍：

（1）大小

（2）明亮度

（3）造型

（4）对比

（5）动态

这里有一个前提是“和近邻相比”，这个前提对五个要点皆适用。我认为，要通过制作店铺门面来增加新顾客数量的话，最重要的条件就是提升店铺发现率。特别是如果想让人们从远处就发现店铺，这五个要素至少要具备一个，否则难以实现。即使做不到把这五点都吸收进来，也请逐一考虑哪些是你的店铺可以尝试的。

店铺设计师会为店铺入口处及店内绘制图纸，会考虑高效能的布线，但要说他们是否会考虑步行者或开车人发现店铺的概率，答案很可能是否定的。

单从设计图或宣传页的照片上看，可能店铺还不错。单看自家店铺，可能也觉得设计得很好。但是如果忽视周边环境，认为只要门面看起来漂亮就可以，等待你的就是“无人光顾”的巨大圈套。事实上很多人都忽视了这一点。设计精良的建筑和从远处就能被发现的建筑，完全是两回事。

在因特网上查找网页也是如此，作为SEO（搜索引擎优化）① 策略，提升网页排位就是网页被打开的前提，可以说，店铺的发现率也一样。网页是发现，打开，购买；店铺是发现，感兴趣，进店。全方位地扩展入口，与提升发现率密不可分。

虽说“大小”是一个不可更改的绝对条件，但由于地理上受景观保护条例所限等各种原因，有些空间无法被充分利用。比如，店铺入口狭小、后部空间过长、位居空中（二层及以上）等，如果是这样的有限条件，就请尽量灵活运用“大小”“明亮度”“造型”“对比”及“动态”中的某

① SEO：英文Search Engine Optimization的缩写，中文意思是搜索引擎优化，是一种利用网络搜索引擎的搜索规则，提高网站在搜索引擎内的自然排名的方法。

一项。

当然，五个要点都具备，店铺的冲击力必定更大。正如前章提到的“明亮度”一项，人和虫都会向光亮处聚集，当你驾车行进时，如果在通常亮度中发现了格外明亮的店铺，它就具有冲击力。“大小”也同理。

东京国际会展中心内有一件主题作品，是一把巨大的插入地面的锯刀，非常引人注目，也很有冲击力。这样的视觉效果，如何通过店铺门面来实现，非常重要。比如，即便是体积较小的店铺，也可以结合自身特点想办法，可以把招牌做成与整个店铺一般大小，并涂上单一颜色，远远望去就能给人体积很大的感觉。

第一章的案例⑤介绍了“明石当日捕捞的鲜鱼和乡土料理的美味店铺‘味兵卫’”。这家店也有和二层店铺之间的边界难以分辨的问题，以至于顾客都不知道店铺有多大。于是，我切掉一部分屋前的房檐，齐着一层和二层的分界线，竖起一块顶天立地的招牌，制作了店铺自己的“门脸”。我这样做的目的，就是要让店外来往的行人发出“啊！——”的惊叹。

你家店铺能够最大限度地发挥“大小”优势的空间在哪里？请不要忘记，店铺从远处被人们发现的首要条件就是“大小”。

2. 将明亮度发挥到极致

要达到店铺从远处也能被看到的明亮条件，可以想到的有增加电灯数量，或者提升单个电灯的亮度。室内和室外的明亮度基准不同，商店街里和街外的明亮度基准也不同。

前几天，我完成了大阪天神桥筋商店街内一家肉饼店的门面和内装设计工作。这条商店街一过晚上九点，照明全部熄灭。虽然这家店仍在营业，但街上灯一灭，店外顿时陷入黑暗，也看不出这家店还在营业。

因此，我时刻都注意让光线照射整个店铺，而不仅仅是招牌，同时，为了不让光与光之间出现黑影，要把整个店铺，包含停车场在内，都作为一个整体。亮着灯既可传递出正在营业的信息，又给人活力焕发的印象。让人们从远处就感受到这一点非常重要。而且，如果自家店的明亮度明显超过周边的店，就会非常醒目。

如前文所述，仅凭增加照明就将客流量提升近两成的例子，现实中确实存在。原本就非常有吸引力的店，可以借助增加照明度，进一步提升发现率和销售额。

请比较一下自家店和近邻店的明亮度。即便单看自家店觉得亮度尚可，“没什么问题”，但如果左邻右舍都亮亮堂堂，自家就显得逊色。观察确认周围的照明度也很重要。

农村的独幢房屋自然另当别论，但是在干道沿线等店铺聚集之所，照明设施必不可少。连锁店的灯光都非常明亮，便利店及家庭餐厅也都安装大量的照明灯。我们可以看到，沿着马路边，建筑物上的照明灯排成一列，各家店都瞄准视觉放大效果下足功夫。从店铺外面看，顶棚上的照明灯连成一线，熠熠生辉。对空中层（二层或三层）店铺来说，照明灯尤其不可或缺。因为昏暗，顾客进店就不得不壮起胆子，那么顾客会因此疏远这里。

照明灯要尽量从上往下照。按照人的心理，当影子出现在身体上方时，人会感到恐惧。大家小时候都有过拿手电筒从下面照脸的经历，看上去一定令人毛骨悚然吧。这正是光线不够自然造成的。

店铺也是一样。如果光从下面照射到立体的文字上，影子就会出现在上方，这会让顾客感到恐惧，需要注意。被光线从下向上照射会导致人心理上的抗拒。同时，照明设施也会挡住招牌，影响观看，造成物理上的不便。

从“大小”的视角来看，为了让人们了解店铺的实际大小，可以将所有照明统一。请记住，照明可用于强调店铺的大小。特别是很多餐饮店都把晚间视为最重要的营业时段，所以明亮度非常关键。请把明亮度的作用发挥到极致吧。

最后是一个照明上的注意事项。在一些场所，照明灯过多会引来大量飞虫。请在完善照明的同时做好防虫工作。

3. 独特的造型让人难以忘记

建筑物或招牌的形状以四方形居多。因此，四方形以外的形状就容易引人注目。最近，圆形或三角形等个性化的招牌也多起来。我在制作店铺门面时，通常也会结合地理条件，选择具有视觉冲击力的形状。

说到比较有意思的招牌造型，面店“武士道”（大阪市西区）的扇形招牌非常别致。接受这项工作之初，我问老板，“您希望什么样的顾客光临?”他说，“希望土方岁三（幕府末期新选组被称为‘鬼之副长’的幕臣）光临，希望他能喜欢我们的拉面”。这家店的拉面油脂厚重，味道浓郁，蒜味提香，于是我使用了“吸引男性的拉面”主题。

这家店在一条小巷里面，从大马路上不易发现，所以我制作了一块与店面垂直的红色招牌，上面用毛笔大书“男人的拉面”，还在整面墙上书写了“武士道格训”。我还设置了较强的照明光，让店铺看上去与众不同。改装之后，除了男性顾客以外，不少女性顾客也饶有兴致地来一尝美味。

还有一处给我留下很深印象的招牌是三野乌冬店“一藤”①（香川县三丰市）。这块招牌并没有与店铺合为一体。它的尺寸大到几乎不能称之为招牌。它充分利用建筑物的圆形面，紧紧地靠在上面，底部有柱子起稳固作用，真不愧是独具匠心的作品。

位于商店街等无法在招牌面积上做文章的店铺，可以制作卡通形象。卡通形象需要一定成本，因此，需要人流达到

---

① 日语店名为“いちふじ”，为便于文字叙述翻译为“一藤”。

一定数量作为基本条件。

谈及卡通形象，我想介绍一个以前协助完成的案例。这家店位于千叶县，店名是韩豚门（千叶市）。他们决定从原本的蔬菜煎饼、铁板烧店，转为经营烤五花肉。店铺从外表看面积较小，地处一条稍显昏暗的小酒馆街内，因此，需要一目了然的、有冲击力的门面。我选择了立体的猪脸造型。笑容可掬的猪脸有雷同之嫌，为了突出独特性，我设计了一个稍显恼怒的造型。

我通过整体氛围让人们知道这是家韩餐店，用卡通的猪脸造型表现烤五花肉（猪肋骨肉）。因为经营内容改变，可能无法进行数据上的横向对比，这家店重张开业已过一年，现在的营业额仍然高于去年同期水平。

改变造型需要一定的经费。制作四方形或平面的造型比较便宜，曲线等有圆角的造型则成本较高。做墙壁或桌子也一样，如果是直角桌，只要量好尺寸谁都可以做，但是曲线则必须确保角度正确才做得好，工匠们也都以此为难题。因此，有曲线造型的店铺数量较少，如果没有过硬的实力很难实现。

“纪念塑像（卡通模型）”也是“造型”道具之一。招牌不只顾客看，过路人也会看。有的纪念像，如涩谷的

“八公”①，被人们作为集合地使用。餐饮店“蟹道乐”门口的螃蟹模型已经全日本知名。这些纪念塑像（卡通模型）的存在，也给街道带来快乐。店铺固然要为自己的利益经营，同时要时常保持自己是街区一分子的意识。正因为有这样的店铺存在，当地的风气才更加明朗，也起到防止犯罪的作用。

纪念塑像（卡通模型）因店铺的经营内容不同而形态各异。比如，保龄球馆的房顶上立起一个保龄球瓶，高尔夫用品店的门口放置一个巨大的高尔夫球等。

如果距离较远，文字就难以阅读，但鲜明的形态却依然可以被认知，这就是造型的力量。如果你的店铺在“大小”上没有优势，不妨考虑以“形态”一决胜负。

4. 通过对比引人注目

要说有代表性的“对比”，铁路与公路交叉口的升降路杆很好理解。黄黑两色是最容易进入人视觉的对比颜色。通

① 八公：日本历史上的“忠犬”象征。它在主人死后，依然每天到固定的地方等待主人下班，直到死去。人们为了纪念它，把它的样子塑成雕像，立在东京涩谷的街头。

过使用对比色，可以让边界处产生强烈的视觉冲击。广告等也是如此，白底配黑色图案，红底配白色图案，都是有意识地以亮色和暗色相对比。

如果不具有较大面积，对比就没有意义。细小处的对比，比如在小灯笼上表现红色和白色的反差等，可以说毫无价值。店家可能每时每刻都想着“请看我”，但路人对此却全无知觉。只要不把东西拿到他们眼前，就无法让他们注意到。

并非要干扰行人走路，但如果店铺不能成为行人视野中无法忽视的存在，几乎没有可能被发现。就像站在路边拦住行人进行兜售那样，人们之所以停下脚步，是因为感到意外和惊讶。如果想不使用身体强行阻拦，就达到让人停下脚步的效果，没有相当的强势是不行的。因此，店铺整体要构思1~2处对比，以求进入行人的视线。

比如，在一面全黑的墙壁上画一条黄线，仅此就会吸引人们的目光，一流名牌大都深谙此道。阿迪达斯、彪马、耐克、奥迪以及爱马仕等品牌的专卖店设计也是如此。

对比还有形成建筑物边界的作用。如果建筑物偏白色，就用黑色清晰地勾勒店铺范围，通过这样的对比提升存在感。还有一个窍门是选择临近的店铺没用过的颜色。如果前后店铺都用黄色，就选择黑色。选什么颜色可能会因个人喜好而难以决断，在比较中必定有喜欢的颜色，从中寻找没有被使用过的是关键。

前几天，我去考察了大阪的一家意大利餐厅。这家餐厅用了红、白、绿三种联想到意大利的颜色，明了易懂。但是，它上一层的店铺营业内容不同，却也使用了同样的配色，这就使得意大利餐厅完全失去视觉吸引力。而且据我所知，楼上店铺开得比这家餐厅还早，由此可见意大利餐厅的门面有多么不切合实际。

画在纸上被公认为出色的设计，拿到现实中可能会和其他店铺混淆。相反，单看设计觉得单调、不尽如人意，实际却引人注目。提醒大家一定要时刻紧盯现场，同时选择不同时间段，到店铺前后多走走，调查分析一下路人的关注点在哪里，自家店铺在路人眼中是什么样子的。

如果你阅读此书，想马上尝试为你的店铺添加对比元素，不妨从改变旗幡，重涂墙面开始。有时候外行人涂画的稍显粗糙的墙面反而很显眼。或者你可以把全身涂上油漆，抹蹭在墙上，彰显艺术的魅力。

以前，我母校的美术老师策划了为商店街的卷帘门作画的活动，他让我们利用暑期，在商店街自由作画。随着活动不断扩大，企业仓库的墙壁也被画上画，活动在当地有了知名度。企业也因此出名，学生们也感受到作品留在大画布上的喜悦，而且活动除了饮料费和画材之外几乎没有成本，这真是了不起的策划。

也许店铺的墙面也可以委托美术专业的大学生来创作。

“对比法”运用小小的构思，无需花费太大成本，简便易行。对于自家店铺缺乏视觉冲击力的地方，请一定试试可以带出新发现的对比法。

5. 以动态吸引人们的视线

旗幡、暖帘、灯笼、闪烁灯或旋转式信号灯……可以产生动感的道具有很多。其中，又以旗幡成本最低且有效，建议大家一定试试。把图案完全相同的旗幡一字排开，就会带来冲击力。

当然也要视店铺环境而定，比如，与其在黑色墙面上划黄色线条，不如沿着黑墙排列数面黄色旗帜，更容易吸引人们的视线。旗帜会随风飘扬，人们的视线有追随动态物的倾向。

闪烁灯泡或旋转式信号灯的红色灯光一圈圈旋转，四周就被照亮，有不少店铺都设置了旋转式信号灯，可以想象救护车或警车上的红灯来帮助理解。但是我自身并不情愿使用这个方法。它固然可以提升店铺发现率，但每家店的营业内容都不相同，有的店可能因为使用它而降低店铺的魅力，因此使用方法需要注意。

还有一种动态道具是可以旋转的广告牌。它高高立在杆子顶端，优势是可以从十字路口的各个方向看到，只是现在使用的地方渐少。取而代之的是一种由塑料布制成的巨大不倒翁造型，经常可以在路边见到，上面还写着店铺的名字及经营理念等。有些烧烤店还以塑料片为道具，用鼓风机鼓风，形成熊熊火苗状，各种例子不胜枚举。

重要的是这些道具是否与店铺主题吻合。即便道具吸引了人们的注意，如果它和店铺主题不符，也无法形成顾客的进店动机。相反还可能被认为是“不好进的店”。

因此，使用这些“动态”方法时，如果不得当，反而会适得其反，所以需要特别注意。就好像同样是出名，是做英雄，还是做罪犯，完全不同。要格外注意店铺是通过什么方法被顾客发现的。

虽说各家店铺的经营情况各不相同，但大家一定都见过一直大搞“闭店促销”的店铺吧。大阪就有很多这样的店。他们或许也算引人注目，但是可以想象，肯定有不少人对他们抱有“够了，算了吧”的印象。另外，运用“对比”时，也需三思而后行。如果使用令人难以接受的强烈色彩，虽然足够醒目，反而会让人打退堂鼓。

有关这一点，最好的选择还是“旗幡”。旗幡的一大优点是不挑店铺。而且，既不用担心检修，价格又便宜，可以作为一次性物品使用。即使从性价比考虑，旗幡也是有百利无一害。

使用旗幡时，“数量”尤为重要。如果只用一两面，动态效果比较弱，难以产生强烈的冲击力。也有的店铺使用旗幡是为了提升自身魅力，如果为了店铺从远处就能被发现，还是要讲究“数量”。

常有这样的做法，在每面旗幡上写上互不相同的菜名，并使用各种颜色来表现菜单丰富。这种想尽情表现的心情固然可以理解，但这样会造成杂乱无章不易阅读，反而削弱效果，弄巧成拙。旗帜必须精简内容，突出一点，先集中力量让人们发现店铺。等顾客进店之后，再展现丰富的菜单也不迟。

还请大家不要忘记的是，路人不会完整阅读旗幡上的内容。一面旗幡上书写 3～5 个平假名即可。在风中摇摆的旗幡基本上不好阅读，写太多内容也没有意义。还有，请尽量简单，使用同样的文字和花纹来表现。

我们经常看到加油站的店员面对行驶在路上的汽车挥舞大旗的景象，这就是凭借“动态”的方式引人注意的例子。驾车行驶的司机看不清旗幡上写着什么，但是动态的旗幡却能让他们意识到“这里有加油站”，虽说大家未必一定会停车加油。

还有一个“动态”的代表道具——灯笼。和旗幡一样，灯笼也以数量取胜，但它并不适合西式餐饮店，只适合日餐店、烤鸡串店、蔬菜煎饼店等。灯笼既可用作照明、动态效果，还能烘托氛围，使用起来非常灵活，成本也比较低。但是要注意的是容易破损，修复起来比较费事。

总结　为了让人们从远处发现店铺

①<大小>　为了从远处就进入人们的视野，要放大店铺的视觉效果。

②<明暗>　明亮度必须超过左邻右舍。

③<造型>　结合经营内容及特点，尝试独特造型。

④<对比>　思考店铺的哪里最能吸引眼球，胜在构思。

⑤<动态>　以低成本提高发现率。不用旗幡太可惜！

第四章

强调提升店铺发现率的魅力所在（中距离篇）

1. 希望什么人来店——吸引效果和品牌效应

上一章介绍了让人们在远距离发现店铺的必要方法。本章进入“中距离篇”。

所谓“中距离”，是从店铺被发现的角度来说，驾车者根本无法看到店铺，只有走路或以其他方式路过时，才能看到店铺全貌的情况。大家可以联想商店街，或者不走车的街道沿线等地的店铺。中距离下，怎样才能让路过的人发现你的店铺呢，我来详细介绍。

首先，开店要选定目标客户，也就是“希望什么人光顾”，这是每个人都要思考的。店铺门面也一样，商品种类及店铺氛围是否与目标客户的需求相契合，“希望什么人光顾”是大前提。

高档名牌店有普通人难以入内的高级感。这是店家故意营造出来的，意在传递无声的信息，“我们的店只向经济富有的人敞开大门”，谋求差别化。

实际上，店铺门面也通过细微处筛选目标客户层。每家店的人均消费额都不同，有的店单看门面好像很平民化，实际却是出乎意料的高价位，留给人“昂贵”的印象，这是绝对不可取的。相反，有的门面过度营造高级氛围，明明是平价店，却让顾客望而却步，这也实在可惜，一定要避免。

因此，希望大家都能让自家店铺从外到内再到餐饮味道完整统一，保证顾客从进店到离店心理零落差，成为顾客认可的地方。

各种店铺中，当然也不乏故意通过落差吸引顾客，或标新立异的地方。但是本书只介绍受当地人喜爱的，可以长久应用于店铺经营的常用手段及方法。

餐饮店的目标客户层属性各有不同，比如，面向男性或女性，上班族或主妇，家庭或大学生或高档接待等。请大家时刻记住，要有意识地打造能吸引目标顾客来店的外观。

我们可以结合第一章提到的“吸引效果和品牌效应”部分。“店铺门面”原本的作用是面向对店铺一无所知的人进行说明。其中，门面的“吸引效果”是让看到招牌的顾客马上感知到餐品物有所值，萌生“立刻就想尝尝”的念头。

强调“吸引效果”的多是私人店铺。店主的态度是“较之餐品品牌，更注重餐品销售”。店家吸引顾客的意图无可置疑，但是容易进入的误区是，从最初就只强调“○○店”的店名。实际上，对顾客来说，店名并不重要。顾客只想知道“什么好吃”，他们认可这里的味道，才会去了解这家店的其他信息。因此，较之店名，首先要展现食品。

众所周知，“品牌效应”的影响力比“吸引效果”更大。如前章所述，即便是个人店也可以利用连锁店“打造品牌”的方法，来设置看上去好像连锁店一样的门面。

总而言之，店主需要综合店铺的经营情况、地理条件及商品特点，认真思考“吸引效果”和“品牌效应”之间的平衡。当然，核心部分还是“希望什么人光顾”。决定了这一点之后，就让门面向着这些人可能喜欢的、心中期待的样子靠近。

2. 不要拘泥于独创，选择容易被接受的

常有的例子是，有些个人店的店主分外珍视自家店铺，想让它成为“世间独一无二”的店。个人店讲究独创性固然不错，但如果过分强调新颖独特，反而会走进“打造品牌”

的岔路。因为人们一旦发现眼前事物和自己印象中的存在差异，便会心生拒绝。

仅限“餐饮”而言，顾客反倒对随处可见的“大路货”更放心。店家不如干脆进行善意的模仿，通过整体氛围，而非文字说明，带给顾客“类似〇〇”之感，则更容易为人们所接受。

说到底，“不要拘泥于独创”只是针对门面制作和让店铺更贴近顾客而言的，如果说到店铺的主题，讲究独创性还是非常重要的。

下面，以色彩为例介绍“易于接受度”。

餐饮店更青睐红、黄、茶、橘等暖色系，一般不使用带给人冷淡感的蓝色、绿色。确实，蓝色让人联想到诚实、清洁，绿色联想到安全，但它们是否能引起食欲，就另当别论了。比如，因为是意大利餐厅，就使用红、白、绿三色，不是不可以，只是它们只能传达给大家“意大利”的信息，却无法再进一步，与店铺魅力及美味可口的卖点相关联。

店主对店铺的心思会表现在门面上。过去，开一家店就以“一生守候”为信念。后来餐饮店越来越多，特别是企业制连锁店中，店铺经营三年左右赚了钱，于是就改头换面了，这样的例子不断增加。

互联网普及引发信息提速，人们也变得更容易厌倦。特别是策划先行或价格便宜的店铺，很快就会被人们厌弃。当今时代，真正美味的餐饮店会生存下来，借味道以外的要素吸引顾客的店铺，很有可能在短暂的繁荣之后被淘汰。

当然，我并非否定它们，而是要说“瞄准什么经营”很重要。反复改变经营方向的人会制作非常华丽的门面。可以想象这种浅尝辄止的做法，只会让店铺更快地被厌倦。这样不断的优胜劣汰就形成了商业。

有人认为“价格便宜就容易被人们接受”，这不是绝对的。以便宜为卖点最令人恐惧的后果是引起客户质量的直线下降。我这样说可能不中听，一旦那些经济能力较差，或者就喜欢便宜货的人聚集到店里，会导致其他顾客的疏远，这样的例子屡见不鲜。店铺的外观、氛围、价格等各种因素都会在不经意间选择适合的顾客。

从这层意思上说，老板及店长必须彻底想清楚，到底想吸引什么样的顾客。

前几日，我为大阪天神桥筋商店街的一家餐饮店进行了改装。这家店名为“一”①，使用神户牛肉制作牛排和肉饼。几年前电视上播过一则广告，里面有句广告词是：“大厨，来一份能用筷子切开的肉饼！”我就参考了这个创意，“能用筷

① 日语店名为“いち”，为方便文字叙述翻译为“一”。

子切开的肉饼”，听到这句话，我们眼前立刻会浮现出肉饼松软好吃的样子吧。

这家店附近已有两家牛排店，所以我把店铺的整体形象定位在其他两家店的中间位置，加之这家店使用了神户牛肉，我决定回避低价位路线，而是用追求高品质这一主题。我用专业性能高的外墙材料，把店内设计成好像是神户老牌西餐店的样子。如果感觉店内太高级了，不利于顾客轻松进店，我就在外墙上画上插画等，营造松弛感，使用上乘感的装饰材料，并且用手写体文字彰显亲和力。

为了表现自己，商店街内的每家店都力争把店门前移，于是，我故意把店面向后撤，同时在店内装饰墙面，直接在上面画图题字。

我思考“希望什么人来店”时，因为店家不愿意被定位在“价格便宜”的店铺，所以我着力表现了“食材的高品质”。我在细小处下了不少功夫，比如，为了防止入口处上方的棚子显得廉价，我舍弃表面反光的塑料材质，而选择了布面材料等。因为店铺瞄准的是那些“为好吃而来店”的顾客。

你希望商圈中的什么人光顾，你希望什么商品能够被顾客接受，请思考这些问题，并把它们体现在店铺的门面中。

3. 店铺从哪里被发现

相对于远距离的发现概率，中距离内可以发现店铺位置的角度更灵活多样。因此，我们需要充分调查“自家店铺从哪里可以被看到”。走在商店街里能看到吗？在相邻的街道也能看到吗？还是在建筑物二层上能看到？各种各样的可能性从什么角度，什么位置上看，才能呈现出最佳效果，怎样做才能吸引顾客，这些都需要弄清楚，想透彻。

因此，可以在实地考察时以路人的视线拍照片，或者从行进的车上拍下店铺的样子等。

远距离发现店铺也有规律。在店铺的某个地方书写或张贴文字时，请一定先考虑好“在多远之外还能看到它”“想让多远之外的人能看到它”。如果写好的东西别人都看不到，就没有意义。我有时候会看到一块招牌挂在高处，上面写着细小的文字，不禁发问：“谁会看呢？”

即使我们在图纸（或屏幕）上看不出任何问题，也一定要在定稿前再考虑一下实际的道路距离或目测距离等。此外，即使在旗幡上写很多内容，传达给过路人的也只有“这里有旗幡”而已。人对事物形成的最初印象通常是“明亮”“氛围”“有活力”等笼统的感性认识，因此，首先要有意识地让人们对店铺形成感性认知。

中距离条件下，人们也只能看到大幅广告牌而已。如果店家起贪心，想展现太多，顾客就会觉得各种内容纠缠在一起，无法阅读。请店家把想传递的内容精练成一个，切忌面面俱到。

当然，如果有一个对门面工作进行整体把控的协调者，按部就班地加以调控，那就再好不过了。但是，如果到店铺进行实地考察，为店铺提出建筑方案的是一个人，而完成精密制图的是另一个人的话，就很有可能出现各种问题。比如，负责制图的人在图纸上彰显时尚感，或凸显个性，那么进行实地组合时就可能导致个别设计支离破碎，或某些地方出现了太多文字，不合店主意愿等。

所以说，建筑和制图的思考方法出人意料地大相径庭，负责建筑的人对建筑结构和墙面内装一清二楚，但是负责制图的人当中却不乏对建筑一无所知者，将二者和谐地编排于一体是很困难的事。这一点请大家务必知晓。

店铺的环境、地点、主题以及从哪里被发现……关于中距离的店铺发现率，必须要考虑的事情很多。

4. 你家店的“当家菜”是什么？

对开餐饮店的人来说，每家店都应该有“绝对要向顾客大力推荐”的菜品。也有的店家说：“每一款都好吃，随便点吧。”但是，不管是从给大家留下好印象考虑，还是从顾客利益考虑，都应该决定一款排在首位的当家菜。因为对顾客来说，没有得到任何信息，就认为“这道菜很好吃”的情况出乎意料地少。

冷冻、冷藏技术日益发达的今天，已经很少有不好吃的店了。一家店要把自己和别家区别开，靠“当家菜”可以提升入店率，反之，没有“当家菜”也会降低入店率。如果确实还没有，就要表现出正在努力创作的样子。

“食欲”在人的欲望中也是相当强的一项。对于好吃的东西，人们总是迫不及待，又愿意为它花钱。因此，既然知道美味是吸引顾客的重要因素，再不推出像样的菜品就太可惜了，如果现在还拿不出来的话，就努力钻研吧，这种努力是可以传达给顾客的。

前几天，一个朋友向我介绍了一家烤鸡肉串店。这家店的烤鸡肉不同于把肉穿成串儿的通常烤法，而是像烧烤店那样，由顾客自己一块块地烤。店里特别贴着烤制方法的小贴士，叫“达人密语”。这就自然而然地引导初次来店的顾客先点一道小贴士上的当家菜尝尝。如此一来，顾客亲身感受到这家店的独特之处，只要味道可口，消息就会不胫而走，口口相传。

让店里的每位员工都掌握这样的服务技巧固然重要，如果把它也写在菜单或招牌上，就会有更好的效果。我构思门面时，首先从菜单入手，突出最畅销菜品和它的独到之处。单凭这一点，顾客的反应就完全不同。

一些在厨师看来司空见惯的事，在顾客看来却是非常讲究的表现，这样的例子比比皆是。如何把这些体现在门面或菜单上至关重要。运作得当就能让顾客对店铺留下深刻的印象。

所以说，请大家一定要说得出自家的当家菜。有时候顾客问：“这里的推荐菜是什么？”有的员工回答：“所有的菜都好吃。”这并不是顾客期待的答案。可能菜单上所有的菜品味道都不错，作为来吃饭的顾客，多半对此有相应的认知。但是顾客明明在询问推荐菜，却得到“全好吃”的回答，顾客怎么会高兴呢？

店员从菜单中选择价格相对便宜的餐食进行推荐，信用度反而会上升。“我喜欢的是……” 也是一句待客 “金句”，这样顾客就很容易说出 “那就点这个吧”。

我制作门面主要针对 “新顾客”。对初次光顾的顾客来说，如果店员可以细致地说明一道、两道、三道菜，顾客就会觉得这家店服务很热情，这也会成为顾客对店铺留下好印象的重要一环。

据说，为了让新顾客成为常客，餐饮店必须想办法吸引顾客在短期内来店三次。店铺要给顾客留下强烈印象，甚至要进到顾客的生活节奏中，这是很困难的过程。对此，我的建议就是制作 “当家菜” 或者有让顾客们引以为豪的商品。

现在 SNS① 已经相当普及，顾客们经常会把菜品从餐具到装盘的样子都拍下来，分享到网上，这也是非常重要的。此外，店家也可以活用积分卡等小窍门吸引顾客再次光临。

就店铺的餐品而言，如果说 “全都好吃”，就等于所有

---

① SNS：英文 Social Networking Site 的缩写，中文意思是 “社交网络”。

餐品都是“第四击球手”[1]。在此，我还要再重复一遍，请大家不要忘记，就算店家把所有想说的话都写在招牌上，顾客也没什么兴趣。我们不妨以棒球比赛为例说明，第一击球手、第二击球手以及清垒击球手等每位队员都有作为棒球选手的特点和作用。正因为大家取长补短，才能组成一支队伍，也正因为大家在比赛中发挥特长，每个人的出色表现才能引人注目。

如果每个人都是第四击球手，反而赢不了比赛。同理，只有把自家店的特色，以及与别家店的不同之处逐一传递给顾客才是“王道”。

顾客进店在空间上是由远及近的顺序：先远远看见店铺的招牌“走”过来，然后感受到门面的吸引力，继续前行到店门口附近，接着又看到立式招牌上的菜单，最终走进店里。店家的一切想法和行为如果不遵守这个顺序，只会给顾客造成混乱。

我们每个人也是这样，如果一味强调自己的主张，便难以获得周围人的喜爱。如果急于把自己的魅力全部表现出来，反而会让魅力失去光彩。

归根到底还是要立足于顾客视角，察知顾客对店铺的评价。再重复一遍，“请站在顾客的立场上观察自家店铺”。

---

① 第四击球手：通常为一场棒球比赛中实力最强的击球手。

5. 诉诸“五感”的表演无可匹敌

为了让顾客在中距离下驻足，对店铺产生兴趣，“气味”非常重要。比如烤鸡串的酱汁烤焦时的诱人香气，中餐的油脂香气，蛋糕店鲜奶油甜甜的气味等，这些香味就是力量，能让已经走过店铺的人掉头回来，我称它为“刺激感”。我会在店铺门面上使用让人垂涎欲滴的照片，比如油脂丰富、多汁的料理等。但是气味的强大力量甚至可以胜过照片。

人们通过“五感”来感受“美味”。从视觉上的愉悦，到听觉上来自员工底气十足的“欢迎光临”，再以嗅觉引发食欲，以触觉来感知等，待五感都受到刺激之后，人们早已欲罢不能。店铺只要不断积累刺激人“五感”的能力，就会越来越有吸引力。因此，只要环境允许，请店家把各种看家“绝活”都展现在门面上，多花心思刺激人们的“五感”。

有些餐饮店着力制造气味。我就知道这样一家烤肉店，他们在店铺前面并排摆放七厘碳炉①，待木炭烧好（视觉），就用换气扇扩散香气。此外，也有的店铺把肉块并排码放在冰柜里展示，示意成块采购，唤起顾客的安心感。

---

① 七厘碳炉：以木炭或煤球为燃料的烹饪用火炉。

相反，不擅长感受味道和声音的人，以及不喜欢被搭话的人，只想静静喝上一杯的人，就不会靠近这样的餐饮店，所以“五感”表演也兼有过滤功能，帮助店家选择顾客。

气味（烟）和人声（或物声）比任何样式的门面都更能让人停下脚步。此外，威力最强大的广告非“排队”莫属。中距离范围下，店铺门前的队列非常显眼，有的行人一看到队列，就会上前询问：“排队是为什么呀？”这就是队列的强大力量。为了让驻足的人多到可以排成队，为了让人们在中距离下发现店铺，请大家积极尝试所有可行的方法。

总结　为了提升店铺发现率

①面向目标客户，展示店铺魅力！

②不必拘泥于原创！

③确定让人们从哪里发现店铺。

④制作“当家菜”。

⑤气味、声音……尽情使出浑身解数！

第五章

顾客进店的最终推动力——安心感（近距离篇）

1. 让顾客可以看见店里面

至此，我给大家讲解了从远处发现店铺的方法，以及能看到店铺全貌时，让顾客对店铺产生兴趣的方法。如果能让顾客保持兴趣，径直入店当然最好，但这并非易事。

很多时候还需要一步，即“促使顾客进店的最终推动力”，也就是让顾客觉得“这家店肯定错不了”的安心感。为了通过门面把这种安心感传递给顾客，我提出全面做好三方面工作，即“让顾客看到店铺里面的样子”“让顾客感知店铺里传递出的信息”“向顾客呈现清洁感、获利感”。

下面就按顺序讲解促使顾客进店的“最终推动力”。

前文已多次提到，之所以让人们从外面看到店里面，是因为“看见”能带来最大的安心感。当你走在街上感到饥饿，寻找餐饮店的时候，与那些完全看不见店里样子的店铺相比，能看见店里面样子的店铺更让人放心，对吗？

顾客有一种普遍的心理，当店里已有其他顾客时，自己更容易进店。新顾客在进店前都会情不自禁地涌起不安感，

“如果只有我一个顾客时，进店就非常需要勇气”，还会产生疑问，“这家店是不是没人气啊？可能不好吃吧？”

说到价格问题，如果让顾客在店外海报或招牌上事先确认了价格，他就可以放心了。由于经营内容各不相同，有的店铺很难判断价格，但是让顾客了解价位绝对是好事。同时，店里工作人员的形象也很重要，大家穿着什么样的制服，是否面带微笑地接待顾客，如果可以在店外也确认这些，顾客就会更安心。

如果顾客对入店感到犹豫，“进去吗，怎么办好呢？”安心感就能起到从背后助推的作用。顾客从远距离、中距离被吸引过来，好不容易才来到近距离，因此，在近距离给予顾客安心感就变得尤其重要。

所以，请尽可能在店铺外表选用玻璃材料，让人们可以看到店里的样子。但是，由于各地文化习俗不同，也有人表示，“不喜欢自己的脸从外面被看见”，遇到这种情况，可以使用覆膜玻璃等方法，达到从外面可以看到人的身影与动作，却看不清脸的效果，让店外的人可以感受到店内的气氛。

但是，也有些餐饮店因为有墙壁，不能安装玻璃。如果是这样就要多想想办法了。比如，即使店铺在二层，也要想方设法把入口开在一层。只要不是共享空间，就可以在一层安上暖帘，让人们认为这里就是入口，营造穿过暖帘就已经进店的感觉。同时，还要让顾客即使没进入真正的店门，也能从外面感受到店内的热闹和明亮。此外，如果店铺在地下或二层，在门面制作上耗费的精力必定会超出常规，希望店家能够全力以赴。如果对自家商品有信心，就请接受这个挑战！

有的店铺所在的建筑物没有窗户。如果建筑结构允许，请一定把窗户做出来。做窗户固然要花钱，但是不管如何绞尽脑汁做出来的招牌，都不及从外面看到店内更有说服力。

也有一些餐饮店用塑料布条制作入口，比如，站着用餐的店等。其实对这些难以明确哪里是店里，哪里是店外的地方来说，使用塑料布条能对顾客进店产生积极效果。

说到露天，虽然会担心天气影响，但也有些店铺把桌子摆放在店外渲染气氛。联想一下星巴克咖啡店的露天席位就很好理解了。

如果只有一幢建筑物，会因为缺乏生命感给人冷冰冰的感觉，一旦那里出现了食物等人间烟火气，人们就会觉得很亲近。我认为这种贴近人类本能的率真构思是最好的表现方式。

再说说其他的表现方式。前几天，我在大阪发现了一家拉面店。这家店位于建筑物的三层，店门口立着一块招牌：

“咖喱专营店”。我不禁产生兴趣，“明明是拉面店，却写着‘咖喱专营店’？”这是店家故意要让顾客疑惑，在头脑中画几个问号。像这样的表现方法虽然不是“正面进攻”，但却有可取之处。

以上介绍的各种表现方式各有千秋，但也并非十全十美。摆放露天座席增加顾客数量在战略上十分必要，凭借店名让来往行人产生兴趣也很重要。正如一再重复的那样，表现方式与店家设想的店铺风格保持一致是关键。最终目的都是缩短店铺和顾客的距离。

还要注意一点，为了让经过店铺的人们容易看到店内，要把入口周围收拾利落。这也和后文出现的“清洁感”息息相关。如果做不到这一点，顾客很难对店铺产生兴趣。招牌只能设置在店铺表面，但如果从店外可以看到店内风景，就可以让所有的空间都起到招牌的作用。这样就能让顾客更安心、更轻松地进店。

2. 在店门口极尽所能地展现

日本关西地区的餐饮业界有这样的思考倾向，在店铺前面摆放展示食物样品的展示柜，有助于顾客安心进店就餐。

最近，有些店铺把刚刚做好的食物——不是蜡制样品，用保鲜膜包起来放在展示柜内，我觉得这种做法非常有效。展示食物样品与展现店内景观有异曲同工之妙，让人们看到饭菜美味可口的样子是很重要的。

就展现商品而言，照片胜过文字，插图胜过照片，立体的样品又胜过插图。如果样品和实际的食物差距过大，会遭到投诉。反之，就会有很好的效果。做意大利面或蛋包饭的店铺，不妨把所有的餐品都摆出来，全面展示丰富的种类。不过，这个方法虽然很有效，但样品的采购、租借或长期租赁需要一定的经费，店家也要结合店铺前的通行人数量力而行。

居酒屋要不要展示食物样品呢？如果能因此突出店铺优势或成为卖点，就展示出来吧。相反，有的店铺把样品放进展示柜，会减弱饮酒的印象，并不适合。当然，如果只是炸薯条、黄油爆米花、炸鸡块等随处可见的菜品，拿出来展示也没有太大意义。

我在国外工作时对比发现，日本在食物样品的制作上有很高水准。这是非常了不起的技术，令人佩服。

拉面店是否要展示样品因目标客户而异。如果把目标客户群锁定为家庭，最好有样品。如果是像制面铺那样的私人店，有时反而什么都不放更好。

也有些特殊的案例。有的店连招牌都没有，顾客却排起长队。这样的地方如果摆出样品展示柜，菜品就沦于一般化，失去了作为人气店铺的地位。因此，首先要考虑店铺的主题是否适合样品展示。

最近，几乎看不到家庭餐厅进行样品展示，这也是有原因的。家庭餐厅多位于驾车的商圈，顾客发现店铺时往往在车上，所以没有放置样品的必要。顾客的车开进停车场时，就已经决定进店了。

很早就有的“食堂”，或者设在高速公路服务区的美食广场，都采取卖餐券的销售方式，需要通过摆在餐券机器里的样品吸引顾客。还有的店铺并不走低价路线，而是以种类取胜，他们故意以样品柜为道具，营造顾客在店外挑选菜品的快乐氛围，这是高明的一手。

即便在入口处放置菜单，如果顾客不伸手翻看阅读，也毫无价值。“伸手翻看=对店铺有兴趣”，而对于样品，顾客只需不经意间瞟一眼，就可能萌生品尝和进店的想法。因为省去看菜单挑选的手续，放置样品展示柜本身就是一种“表演”，也是吸引顾客的方法。

当然，样品柜一定要放在步行商圈。有时候我发现它也被放置在郊区沿街的店铺前，似乎没有比这更没意义的东西了。另外，家庭餐厅前的样品柜似乎也意义不大，因为在看到样品的时候，顾客基本已经决定进店了。

最初，样品柜是为了给来店的顾客提供说明用的。就好像“这个大小卖这个价格还算 OK”，也就是为了满足顾客想知道餐品的实际大小和外表而设置的。

样品柜尤其多见于日本关西地区的餐饮店，这也是因为店铺照顾关西人普遍急性子，为了让人们能对餐品有直接了解而特别提供的。如此说来，商品的宣传方法也要与当地的风俗习惯相结合，很有意思。不过，店铺必须让样品柜时刻保持清洁。

样品柜在展示餐品数量，传达商品魅力方面非常有效。请店家根据自己的经营情况，权衡利弊，最大限度地发挥它的作用吧。

3. 清洁感才是店铺最强大的伙伴

店铺清洁感不用花钱就可以实现，它是任何一家店铺都要最优先考虑的工作。请把店内到店外都认真打扫干净。有时候我看到某家店的门面上结着蜘蛛网，非常吃惊，难道店长和店员们都没发现它吗？

有些店铺在店旁边或后面堆放着没用的零碎物件、啤酒箱等，或者在店铺前摆上自动贩卖机，这些都要不得。否则，仅凭这一点，就可能让整个门面效果化为乌有。

“古旧”和“不干净”是两码事。店铺打扫得是否彻底，不仅会完全暴露店主的经营心态，而且一定会传递给顾客。我曾经慕名光顾一家电视上介绍的餐饮店，到了门口感觉不干净，就打道回府了。一旦店铺的清洁感欠佳，顾客就会对食物的卫生产生怀疑。餐具洗干净了吗？食物的烹调环境卫生吗？……这些都会被顾客打上问号。

特别是女性，对这些地方很敏感。电视上也专门介绍过“不洁净但味道出众的餐饮店”，可能有人认为不干净是一种个性，我要告诉大家，完全不是这样。我们每个人也是如此，只要认真去做，每个人的个人清洁都可以保持得很好。即便有身材高矮、头发多少等无法改变的现实问题，也不会成为形象清洁的阻碍。

我曾经在我客户店铺的洗手间里发现过蜘蛛网，当时马上告知了店里的人。能顾及到清洁感的人，对顾客也会非常周到，这样的店铺势必生意兴隆。

生意好的店铺通常卫生标准很高。也许只要食物味道可口，就算有些许不净，也有顾客愿意品尝。但是我这本书想告诉大家的是吸引新顾客的一般方法，所以不管外观还是店内的清洁都绝对不可小觑。

店员的清洁感也一样。发型、制服以及日常工作都是如此。店员能够不出错误地完成自己的工作，但是，他们的意识如果没有达到“希望顾客来店”“希望顾客在店里感受愉快”的高度，就注意不到清洁上的小细节。拿擦桌子为例，只是单纯地完成擦的动作和真心想擦干净是完全不同的。

清洁感是身处店中的人在头脑中具象化的一种感觉。店里的每一位员工在工作时，心中是否怀着希望店铺变得更好、希望来店用餐的顾客心情舒畅的想法，也会使店铺的清洁感呈现出差异。

其实老板和店长如果以顾客身份光顾其他店，也会对

“清洁感”有所意识。只是一轮到自己的店，不知为何就会产生不能客观审视、疏忽大意的倾向。请大家一旦有所觉察，就马上改正。

4. 让顾客带着“获利感”进店的方法——解说店铺真实情况

“到这家店去看看吧”——顾客选择某家店铺的因素之一就是有“获利感”。最近这个词也经常被称作“性价比”。让顾客产生“获利感”的最好方法是明确价格。

让顾客感受到“获利”的切入点很多，比如：看到分量实在的午餐，心想“500 日元真便宜”，不吃太可惜。或者哪怕是 1000 日元的午餐，只要菜品丰富也欣然前往。或者在偶然路过的地方看到当地的特产，就想一饱口福。还有品尝到了限定数量或限时销售的美食等。

另外，大力宣传“知名餐厅大厨亲手烹调”也可以有效渲染“获利感”。

店家为了让顾客有“获利感”，必定在背后付出了努力。因此，对于顾客享受到的便宜价格或特色服务等，店家要把背后的理由及意图向顾客解释清楚，这也是很重要的一点。比如，在突出“价格便宜”时，如果没有说明为什么便宜，顾客内心就可能不安，怀疑“这家店没问题吧？是不是卖得不好啊？也许不好吃吧”，不明原委的便宜货，只会让人心生恐惧。

某知名法国餐厅明确写道，如果一位顾客不能来店三次，我们就无法实现收支平衡。有了这样的说明，顾客反而会想“原来如此”，随即安心。所以请店家不要忘记，要把自己选择食材的讲究之处，以及为了实现低价位付出的努力等，都向顾客进行简明易懂的说明。

其次，还有一些要素也与顾客的“获利感”有微妙联系。比如，对一些顾客来说，知名人士开店，会对他们选择店铺起到助推作用。或者，店铺重张开业时有大量花篮等，对顾客也有吸引效果。如果送花的是名人，则效果倍增。还有，名人来店就餐时的签名或店铺上电视的信息等，或许也能帮助犹豫不决的顾客下决断。

如果有“○○年创业”的记载，最好也展现出来。如果开业时间在平成时代①，可能没有太大效果，但若是昭

---

① 平成时代：平成是日本天皇明仁的年号，从1989年1月8日开始算起，直到现在。

和时代①开业的老店，就会有一定的宣传作用。

综上所述，通过顾客易于接受的方式，把店铺的信息或独特之处通俗易懂地传递出来是很重要的。具体是通过菜单，还是 POP 广告、样品展示柜、店里的氛围（气味、烟等）等因店而异，但是绝不能忽视如实告知顾客自家具体优势的努力。

新大阪车站里有一家乌冬面店。可能因为地处“车站”这样一个特殊位置，这家店制作乌冬面的速度简直快得惊人。顾客买好餐券，来到取餐口时，面已经做好了，让人不禁脱口而出：“这是我的面吗？”这样的速度让人心悦诚服，所以我也愿意向别人介绍这里。如此说来，也许“速度”也可以作为“获利感”的一项。

“便宜”“迅速”“美味”是餐饮店经常使用的三个词。只是这三个词都属于个人的感觉，不是事实。每个人的判断尺度都不同，因此必须有具体的参照物，我们才能确立标准，进行比较。

我要说的是，店铺门面上不要出现“便宜”“迅速”“美味”等表示感觉的词语，而要展示例如“价格”这样的具体

---

① 昭和时代：昭和是日本天皇裕仁在位期间使用的年号，时间为 1926 年 12 月 25 日到 1989 年 1 月 7 日。

事实。而更重要的是通过设计和渲染等手段，让顾客把这些事实理解为自己获利的信息。假设你想表达“迅速”，就具体写下“10 分钟以内上菜”，这样就可以传达“获利感”。

另外，也可以在店名上下功夫。大阪就有一家餐饮店叫作“人类都是面类”。还有一家拉面店叫“臭老头的最后一击”。如果希望喜好个性化店名的顾客来店，就可以在这方面多动脑筋。也可以先用不甚严肃的店名吸引顾客，待顾客来店后再展现店铺认真的一面，类似这样的渲染手段也很有效。

也可以起一个蕴含着情感的店名。不过，这样的店名通常还需要“○○的店”的副店名，这固然会增加阅读量，但远远望去还容易模糊。

这样说来，不如取一个能说明营业内容的店名，既简明又有传播力度。而且，在店名中明确营业内容不仅对自家店铺有利，还能引出顾客的“获利感”。

5. 最后，让顾客感到后背被推了一下（安心感）

对于本书中介绍的各种方法，大家不用面面俱到地逐条落实。而是希望大家能认真思考自家店的优势是什么。比如，自家食物价格合理且质量过硬，就请你清楚地告诉大家。你的店是以价格取胜，还是以速度见长；是拼餐品的硬实力，还是餐品种类；或者餐品并无特别之处，但员工服务堪称顶级，或者其他的什么。总之，首先要先看清楚自家店的优势所在。

然后，请把店铺的长处、讲究之处、特色之处切实地传递给顾客。如果内容较多，请精选一条展示在店外，剩余的展示在店内。对这些内容也要确定展示的先后顺序，要注意突出那些胜过其他店铺的地方。如果既想表现这个，又想表现那个，恐怕店家和顾客都会混乱。

前文已经重复多次，顾客进店不为别的，只为用餐。因此，店铺要利用食物的美味度、烹调方法和选用食材等信息，向还没来店的顾客，进行好似电视购物节目那样的宣传，告诉他们本店的食物有多么美味可口。

最近在店外使用影像的店铺增加了。也有的店把自家登上杂志的信息写在 POP 广告上，广而告之。通过这些方法，广泛宣传自己如何被大家支持及认可，既能传播店铺的优势，也有助于顾客建立安全感。

为了不错过已经来到店铺面前的顾客，请充分利用“让顾客看到店铺里面的样子”“让顾客感知店铺里传递出的信息”“向顾客呈现清洁感、获利感”等方法，让顾客带着充分的安全感进店吧。

总结　为了让顾客进店，店铺可以在哪些方面营造“安心感”？

①尽情展现店铺里面的样子！

②可以在店铺门口展现的是什么？

③店铺的清洁感达标了吗？

④用具体事实突出“获利感”。

⑤让顾客可以放心进店，全面展现“安心感”。

第六章

由字体决定的店铺个性

1. 照片所不具备的手写文字的力量

作为向过路人宣传店铺个性的方法，我向大家推荐手写文字。虽然照片作为传递食物的美形、美味的方法，确实非常有效。但是它终究是一种复制品，我们可以轻松地从网上找到各种照片，然后复制下来。

诚然，请专业人士为店铺拍照，就可以留下独一无二的照片。但是我总认为，无论照片拍得多么出色，只要没有足够的冲击力（照片会受大小及展示场所的制约），恐怕都会被人们视而不见。说起来，照片或插图确实擅长于表现商品的美丽形态及诱人味道，但对于展现店铺的独特之处终究是不够的。要表现店铺的特色，还要靠文字，而且要手写文字。

同样是使用文字，也有人愿意使用电脑里的字体。电脑字体能给人工整的印象，只要它适合店铺的目标客户层就没问题。比如，连锁店希望吸引广泛的客户层，那就适合用电脑创作工整而漂亮的字体，而不适合手写字。再比如，私人店铺本着少花钱多办事的宗旨，可以营造类似连锁店的氛围。连锁店的外观设置有一套成形的理论，个人店进行模仿及套用，就能在视觉上给人连锁店的印象，然后再搭配店标及文字，进一步加深印象。

包括全国连锁店在内的很多公司都有自己的标志。标志确实是全世界独一无二之物，这是一家什么样的公司，有什么特色，凭借标志就有所展现，并且让人思考。如果用颜色来说，绿色给人“安全、安心”“清洁”的印象，蓝色给人“诚实”“忠诚”的印象，红色则是“热情”的代表，标志就是用文字和颜色共同表现这些含义的。越是一流的公司，标志的颜色越单纯、简单。大家想象一下可口可乐等品牌，就很容易理解了。

作为餐饮连锁店，认识到自己被定位在哪个等级是非常重要的。使用手写文字的连锁店还很少，仅有一家回转寿司连锁店罕见地使用手写的店内菜单。

手写文字的优点是世界上绝无雷同。而且，有让人驻足的效果。通过在旗幡或鲤鱼旗上使用手写文字，可以吸引路人的视线。也许你觉得“我的字太难看了……”，但只要把它们放置在店内使用，就无需顾虑。特别是在“本周推荐菜”等处使用手写字，效果非常好。因为即使字不好看，它也可以成为与顾客交流的契机。

严格地说，顾客并不会去考虑每一面旗幡上的文字是电脑做成的还是手写的。老实讲，在门面处应该使用照片、插图，还是使用文字，没有唯一的正确答案，而是取决于老板设想的主题，以及店铺本身的经营形态等。比如，像法式餐厅那样的高级餐饮店，基本不需要手写文字。像星巴克等咖啡店，不算高档店，但多半也不需要。

然而，我服务的客户基本上都是价格便宜的居酒屋、烤鸡肉串店、蔬菜煎饼店、烧烤店等日餐店铺，而且大多走自创菜肴路线。对他们来说，手写体可谓恰到好处。

请想象一下：如果一家店铺打出的主题是“亲手做的家常菜”，却使用电脑里的“哥特字体”进行书写，是不是那种亲手制作的感觉瞬间荡然无存，取而代之的是速冻食品简单加热就端上桌的印象？如果顾客有这样的想法，对店铺来说真是巨大的损失。

遇到这种情况，就算是使用电脑文字，也请选择比较柔软的或手写形态的字体。同时，随着文字整体在招牌上所占的面积、每个字的大小、留出多少空白等不同的变化，给人的感觉也会不同。

如果是我写，我还会考虑到店铺的经营形态和老板的性格，如果老板为人宽厚，我就把字写得柔和些，如果是大无畏的粗线条性格，我就写得更有气势些。

就在前几天，我刚刚为千叶县的一家居酒屋制作了店标。那家店原本已经有一个店标了，但是老板觉得“气势和力量都不够”，就拜托我重新制作了。

不管我如何说手写字好，读者中一定有不少人觉得，“我的字太差了，实在是拿不出手……”如前文所说，如果放在店里面使用，字稍差一点也没关系；如果要手写店铺招牌，只要反复练习自然就会写好，大家尽可放心。

拿我自己来说，虽说要靠手写字赚钱，但我并没有书法段位。根据我的实际水平推断，我应该是六段。顺便告诉大家，六段是任何人都能达到的级别。

后来有一段时间，我时常用软笔给交换了名片的朋友们写感谢函、贺年卡等。最初我完全不能得心应手，字体难以辨认，想必给邮局的工作人员添了不少麻烦，但是在反复书写的过程中，我不知不觉地就可以挥洒自如了。

不久以后，我就准备了好几支软笔，剪了笔尖，用左手写写，变换笔画顺序写写，把纸揉皱写写，再换用一次性筷子写写，练就了自成一派的字体。我现在也很喜欢这种剪了笔尖的软笔，总是根据客户的不同要求，选择不同的笔。

2. 字体影响人均消费额

要说文字笔画的粗细与人均消费额的关联，简单说，纤细的文字会营造出“高雅”“柔软”的氛围和“高级感”，往往引导消费额上升。但是，纤细的文字也有让人感觉“弱势”或“缺乏自信”的一面。

粗体文字会彰显“大无畏”及“力量强大”之感。不过粗体文字的表现力也会因有无留白而不同，有留白的通常可以提升顾客的人均消费额。

如果是让人感觉拖沓而不爽利的粗体文字，餐品也会给人留下低廉且土里土气的印象，如果其中含有留白，则会平添“速度”和“细腻”的质感。

因此，为了提高顾客的消费单价，有时候我会故意做出留白。此外，如果文字顶天立地（四周留白较小），也会给人廉价之感。根据文字所占空间大小不同，呈现出的感觉也会相应改变，要特别引起注意。

灵活地区别使用汉字和平假名也是一个关键点。平假名有让人感受到温柔、安详的效果。我工作的核心是增加新顾客数量，因此让顾客觉得店铺没有门槛就很重要。这就需要适度使用平假名，让店铺充满“温暖”及“柔软”的气息。同时，手写文字对于营造这种氛围也很有效。

像这样与书写相关的工作，店家可以委托给专业的书法人士。只是他们中的一些人充满艺术家的天性，要事先和他们充分沟通，以保证他们能按照要求进行创作。

手写字是制作店铺门面的武器。请用充满力道的书写来展现店铺的核心部分吧。

3. 不能使用的颜色

前文讲到不同的颜色能带给人不同的联想，绿色是“安全、安心”“干净”，蓝色是“诚实”“忠诚”，红色是“热情”等。

经营餐饮店，总要与颜色打交道。前面有关“照明”的章节中，我们也讲到店内越明亮，食材看上去越新鲜；室内少许昏暗，易于烘托气氛，有助酒兴等。

颜色的联想会对进食产生影响，影响力度不亚于手写文字。简言之，请不要在餐饮店中使用“冷色系”。所谓冷色系，即蓝色、绿色等给人冷静感的颜色。冷色系不易唤起食欲。相反，红色或橙色等暖色系则可以让食欲沸腾。据说这个结论是基于暖色系可以让体温升高的资料得出的。所以，如果觉得自家店铺的入口处缺少情趣感，也可以培植一些暖色系的花卉。

当我们看到充满传统意味的“红灯笼”时，就会联想到大排档、关东煮或者能喝酒的地方。可见很久以前，餐饮店就使用可以传递温暖的颜色。

相反，冷色系的效果如何呢？如果一碗“蓝色的米饭”出现在眼前，你会作何反应？说不定会大脑一片空白吧。

这样一想，就不难理解“人们用眼睛吃饭”这句话了。说句题外话，据说人们可入口的食材，是有固定颜色的。当然，这是有关大自然的话题。比如，蔬菜主要就是绿色、黄色、红色等。早在很久以前，人们就绝对不会吃蓝色的食物。

不要使用冷色系的含义大家都理解了吧。用错颜色造成店铺损失非常可惜。因此，店铺建设中，不管是门面，还是店内，都请尽可能地回避冷色系。

4. 事实靠文字，形象靠设计

“精选产自某地的某食材，花费多少小时熬制汤汁”。拉面店会以这样的文字方式，告诉大家食材产地、名称及具体数字等信息。但是，不愿意阅读文字的人是很难去看的。说得极端点，请做好这样的思想准备，三行以上的文字对顾客就是挑战。

相反，也有的店铺在墙壁上或其他地方书写大量文字作为装饰，但这说到底也只是装饰，一般情况下，即便顾客在店铺门前停留，也不会去读过长的文字。

有关设计的样式，如前章所述，“迅速”“便宜”“美味”等是个人的感觉，所以，使用可以让人们联想到“好像很迅速”“好像很便宜”“好像很好吃”的设计才是关键。

当人们听到“使用产自某地的某食材”这样的信息，就会产生“真讲究啊”的感觉。因此，大家不妨把文字作为告知人们具体事实的手段，把设计作为传递印象、感受及大方向等事实以外的要素的手段。

建构一家店铺分“形状”和“信息”两方面。可以认为“形状就是整体形象和视觉认知”部分，“信息就是菜单、价格、店名、广告词等事实”部分。把两者整合在一起，定位店铺氛围时，必须在考虑好设定什么主题，要取悦什么人的基础上完成。

同样是销售精心制作的拉面，根据店铺选择连锁店路线，还是选择个人店路线，店铺的构建会产生变化。如果选择前者，可以用电脑里的“哥特字体”加上照片来设计；但如果选择后者，就要使用手写文字，综合考虑店铺的方向性、目标顾客层和人均消费额等要素进行创作发挥。

位于爱媛县的“浪漫烤鸡”阿方店准备从蔬菜煎饼店改成烤鸡肉串店，委托我重做门面。虽说店铺要改变营业内容，但是地点和所在建筑物都没有改变。我很快确定门面要使用手写字。

店铺地处超市停车场的一角，整个建筑为长条形，除了这家店以外，还并排着洗衣店、饺子馆等。来超市的人自然都是目标客户。我考虑到这家超市的价位，觉得店铺入口要尽量给人价格便宜的印象。

首先要在门面处告诉人们营业内容变更的信息。请参照下页照片①，如大家所见，建筑物不可能推倒重建，布局也基本维持原样。因此，要在“信息”部分做文章，于是，我在手写文字和颜色上下了功夫。

照片① 店铺计划改卖烤鸡肉串，可是原有的蔬菜煎饼店的门面布局基本原封不动。在这样的条件下，唯有借助文字及设计来表现烤鸡肉串的美味。即便不写文字，不画插图，也要让人们通过氛围大体判断出这里卖什么，这一点非常重要。

在看营业内容变更后的照片之前，先请大家看看用电脑字体做成的店铺主题图片（见照片②）。感觉如何？是不是觉得很别扭。如果看到图片实际挂在店铺上的样子，大家一定会觉得更加别扭，恐怕不会有人想进店的。

“浪漫烤鸡”希望以连锁店（不是个人店）的形象展现在大家面前，因此，为了表现店铺轻松愉悦的氛围，以吸引带孩子的人和购物后准备回家的人，我制作了吉祥物。同时，招牌、灯笼、菜单也都用了展现朝气的有留白的粗体字（见照片③）。

这个门面是强调“鸡”造型的吉祥物，同时是用文字说明店铺信息的典型案例。

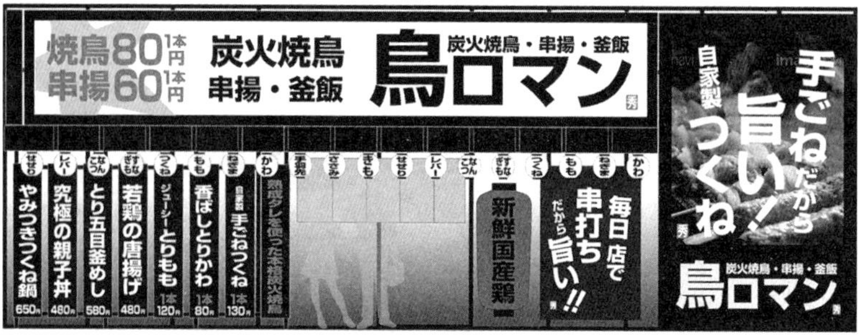

照片② 使用电脑里的字体无法制作出有吸引力的门面

照片③ 通过吉祥物和个性化的留白粗体字来展现店铺的轻松心态和朝气感

5. 营造意外性和非日常性

说到意外性，可能很多人会认为是指一种“落差”。人们通常容易被有落差的事物吸引。如前章介绍的，明明是家“咖喱专营店”，却将招牌写成“制面铺”，人们便会产生兴趣：这是怎么回事呢？

经营餐饮店的人可谓形形色色。如果你做好了一旦开店，就为这家店奉献终生的准备，就要力求把店铺经营得深受当地人们的喜爱。为此，制作一款经久不衰的门面是必不可少的条件，需要考虑能引人注意的卖点。相反，如果想让店铺总是立足于流行最前沿，则可以选择每过几年就更换门面的思路。

但是，标新立异必然伴随风险。如果试图依赖瞬间爆发的话题性吸引顾客，店铺就有夭折的可能性。因此，我宁愿立足长远眼光，制作为当地所喜爱的门面。冲击太过强烈的事物很快会被厌弃。

说老实话，我并不认为落差是非常好的创意。比如，有家店把墙面涂成黄色，连店名也不写，人们起初会对它很感兴趣，但去过一次就有了答案，会不会再去就不得而知。从增加新顾客数量的角度来看，这个方法会有一定帮助，但是我建议就让它止于“一个方法而已”吧。

再举一个有关“落差”的例子。请想象这样一家店，他有好像高级名牌店一样的门面，其实却是一家百元店。以为是名牌店而走进去的顾客，在知道答案后恐怕再也不会去了。

而原本就知道是百元店的顾客，真的会进去吗？这固然是个极端的例子，我想说的是不能制造出这样的落差。这种落差和我所说的“意外性”是截然不同的。

所谓非日常性，大家可能会认为是“非常特别”的事情，但实际上在外面吃饭就具有非日常性。比如，如果说家庭主妇平日在家做饭是日常的话，那么她和某人在外面吃饭就是非日常性的体验。因此，为顾客营造不同于在家吃饭的饮食体验，是对店家最起码的要求。

如果某家店有知名大厨亲自掌勺，顾客就可以在这里尝到不同于家常饭的味道，顾客想象着这一点，就会充满期待地来店。还有，使用难以获得的原产地食材的餐食等，也有异曲同工的作用。还有很重要的一点是店内要避免使用日光灯，利用间接照明或聚光灯等，营造与家里的客厅不同的氛围。

真正重要的不是标新立异，而是让来店的顾客感受到愉悦和享受，对食物给予“非常好吃”的评价。请大家立足顾客的立场，去营造令人欣喜的“意外性”。

第七章

与地理位置相适宜的店铺门面

1. 你知道自家店铺地理位置的价值吗？

说到门面的改装，大前提是店铺要位于有行人来往通行的地方。或者说，从有行人来往或人群聚集的地方能看到店铺吗？这就要求我们必须知道自家店铺地理位置的价值。

私人店恐怕很难获得好的地理位置信息，相反，越是拥有多家店铺的大企业，越有条件优先获得好的不动产信息。而且，对于借出方来说，与其把房子租借给个人，不如租借给企业更安心。

这也是私人店难以与企业抗衡的关键。不过，地理位置确实非常重要，企业对市场投入的力量不可小觑，所以私人店对此也要不遗余力。

“桑天”[①] 的市场调查方法可供参考，在此介绍给大家。“桑天”是一家以午餐为主，主要经营天妇罗盖浇饭和其他

---

① 日语店名为“さん天”，为便于文字叙述翻译为“桑天”。

天妇罗料理的连锁店。

我协助完成改装的一号店，目标客户是公寓等综合住宅区的中心部，以及车站附近商圈和驾车商圈之间的人群。店铺首先要摸透各商圈的需求，再决定地理位置。

同时，这家店还调查了周边超市及便利店的便当量和销路，意在瞄准午餐需求较高的地方。通过商圈分析，重在了解自家商品被什么样的顾客购买，哪个时段的销路比较好。

如果已经开始营业，要先调查往来于店铺前面的行人特征。然后调查自家店的潜在客户群都在哪里。你知道一天中你的店铺被多少人看过吗？在考虑店铺门面时，首先要调查："这里有人经过吗？"

要探讨改装门面是否有效，理所当然要考虑到人流量的要素，把店开在从早到晚几乎没有人通过的地方没有意义。如果是这样，最好不要装修门面了，索性摸索邮寄广告页或发放促销单等其他方法会更有效。

上述方法是从只考虑店铺地理位置的角度出发的，如果关联到商品，我们也可以逆向思考这个问题。比如，建在深山里的荞麦面店也有排队的地方，正是因为深山的地理位置，才更让顾客们觉得店铺有价值，因此，如果店铺打算沿着这个方向发展，就请不断突破，坚持到最后。

还有其他地理位置产生的联想，比如，交通干道上大多是全国规模的连锁店，这是因为这里地理位置好，房租又贵，私人店的老板很难介入。

然而，也正是这样的布局特点，才让消费者形成在大马路旁边的小巷里，会隐匿着味道可口，食材讲究的私人小店的印象。这是因为较之连锁店，这些私人店可以把在房租上节省的钱投入到商品中去。所以请店家彻底认清自家的店铺类型，权衡好地理位置。

比如说，如果是讲究的专营店，藏在小巷里，顾客反而更容易发现。

地理位置的辩证关系同索尼公司与松下公司（现在的Panasonic）在销售思路上的差异大同小异。以前索尼公司是生产出商品后再开拓市场，松下公司是一贯按照市场需求生产商品，两者的战略大相径庭。

现在我服务的客户中，有一位业主无论如何都要开一家金枪鱼料理店，因此他要寻找适合金枪鱼料理的地方。

相反，也有人先发现了位置好，房租又便宜的绝佳地点之后，再考虑在那里开什么店好。

在这里，重要的是有没有相关的知识，能否准确进行取舍。不过，为了尽量避免失败，我建议先确定好自家商品，然后寻找同行少的商圈。

2. 突出店铺优势，去掉其他信息

只要明确自家店铺的优势，即使出现竞争对手也不会局促不安。举个例子说，在你家店附近又开了一家拉面店。从表面上看，两家店可能没什么不同，但是，我们通过向顾客宣传对手不具备的自身优势，比如拉面汤汁如何精调细制，食材来源都是哪里等，就可以明确两家的差别。

如果竞争对手是连锁店，我们还可以采取给老顾客多切点叉烧肉，宣传一下自己去哪里进修了技术等，为顾客提供私人店特有的关怀和服务。

最近，把门面设计得像个人店一样的拉面连锁店不断增加，这是因为连锁店的拉面总给人不好吃的印象。所以作为私人店，在门面上千万不能输给这样的连锁店。

店家为了宣传自己，希望对顾客知无不言，言无不尽，这种心情我非常理解。不过，不管是在郊区沿街还是步行商圈，顾客对店铺门面不过是一看而过。在这一瞬间，顾客能够接收到的关键词充其量只有一个。因此，请店家只突出店铺的某一方面，去掉其他信息。文字越多，人们越不想看，内容一多就会引发混乱。

就好像棒球运动员或足球运动员们都要各司其职一样，构思店铺门面时，要避免不讲侧重地罗列出太多信息，而是要认清什么信息才是“一号击球手”。老实说，顾客感兴趣的是能在店里吃到什么，而不是门面，所以要把脑筋动在向顾客展现自家店的有效信息上面。

因此，即使是招牌的摆放角度，也需要认真考虑。大家要不时到店铺外面实地确认一下，看看来来往往的人们都在往哪里看。

无论是拉面店还是西式餐厅，店铺的经营态度都会从整体氛围中传达出来，因此，只把你家店和别家不同的地方，通过文字、照片或插图重点突出地体现出来就可以了。

3. 让顾客知道卖的是什么的益处和弊端

让顾客知道自家店卖的是什么，以及自家的经营情况固然很重要，然而让顾客清楚店里有什么好吃的则更加有利。牛排店也好，咖喱店也好，只要顾客的头脑中出现“我想在这家吃这个”的冲动，他们就会进店。

过去，人们通常先进店再考虑吃什么，餐饮店数量少也是原因所在。但现在餐饮店非常多，人们普遍的想法是“为了吃某道菜，去某家店”，也就是按照想吃的食物决定去哪里。正因为如此，店铺纷纷打出广告，告诉顾客“我家店的招牌菜就是这个”！店家先在远处靠氛围让顾客知道卖什么，然后在中距离通过食物的特色吸引顾客，到了近距离再营造安全感，这样顾客就会进店。

从这个意义上说，居酒屋的苦恼就是商品数量多，却没有特色。这其中连锁居酒屋的苦恼尤为突出。虽然他们有商品种类均衡、服务水平统一、价格合理等优势，但是优势的反面，也许只是我的主观臆断，居酒屋给人突出的印象，就是雇用熟练程度不高的兼职打工族，加工冷冻食品给顾客食用。所以居酒屋就很难表现商品的实力，这是他们的劣势。

因此，居酒屋都大力宣传自己的其他优势，比如菜单内容丰富，有单间，就餐氛围好，有食物自助及饮料自助等。这些优势也和店铺有好的地理位置分不开。

如果你希望喜爱连锁店的顾客光临，可以刻意把门面做成好像连锁店的样子；如果你认为即使菜单内容少一些，也要讲究精致度，就可以通过设置好像私人店的门面，来强调食物的美味和精致。请大家在构思门面时，努力实践、灵活运用各种方法，来发挥自家优势，扬长避短。

这里有一个同行业竞争对手抢夺市场的典型案例。位于山梨县的一家经营拉面、蘸汁面、手工饺子的名为“风神”的餐厅，面向车道而建，他家的招牌上写着“蘸汁面”“饺子”等字样。这家老店原本很受欢迎，可是一家大牌中餐连锁店在附近设了分店，顾客被分流，销售额因此下降了20%。

我们不妨看一下这家店的优势。这家店的面条全部是自己压制的，饺子一天能卖1000个，调味料的成分都向顾客透明，承诺只使用安全、放心的原材料，而且调味料是手工调制的。

虽说这是家拉面店，但其用料之讲究，已经堪比专业制面厂了，因此我建议他们把这个定为发展方向。我向大家宣传店铺如同制面厂一样专业，面条全部在店里做成，并且着重宣传了最受欢迎的担担面。

同时，我还在店门上立起了招牌，给店铺制作了展现自己的“脸面”。完成这些工作之后，下滑了20%的销售额便恢复了。

这个案例的成功之处在于，解决了店铺没有告诉顾客面条是自家制作而陷入劣势的问题。之所以能够解决这个问题，是因为顾客在头脑中设想的制面铺的形象通过这家店得以具体化。

4. 案例三则

①烧烤店“罗生门”

【背景】

这大概是四年前的案例。“罗生门”是位于兵库县神户市的烧烤连锁店，我担任了其中一家店的门面设置工作。这家店虽然有很多回头客和老顾客，但新顾客并不多，店家希望增加新顾客数量。

【问题】

店铺面朝一条单车道的单行线，道路笔直，没有转弯。如果道路有转弯，店铺可以充当路标，就比较显眼，通常，路边的店铺不容易进入司机的视野。在这样的地理位置上建的店铺，通常都是在过去“只要开店客自来”观念下的产物。

我进行了实地考察。我坐在车里的驾驶座上，拍下店铺呈现在司机眼中的形象。经过切实体验后，我发现从远处看过去，完全看不见店铺在哪里。因为前面的道路是一条直线，车速通常很快，而且司机的视线要向前看，所以很难发现店铺。店家也挂出了示意此处有停车场的招牌，但是受周边环境的影响，司机很难在刹那间判断出应该从哪里进入。

店铺最重要的主打招牌也很小，红色和黑色的搭配原本很显眼，但是“烧肉”二字写得太小，看不清楚。可以说，招牌小到让我怀疑是不是给车里的人看的。

【改进点】

店家委托我的目的是“增加新顾客数量”，他们希望我使用集团店铺通用的牛头插图，想办法让店铺更显眼一些。起初，我想围绕“门面”做文章，但是考虑到店铺本身缩在里面，我觉得无论做多么精美的门面，也很难让人们发现店铺，意义不大。

为了提高司机们对店铺的发现概率，让他们感受到吸引力，我决定重新改装店铺前面的招牌。我在与车道垂直的方向上，立起了多块招牌，尺寸都是原来的两倍以上。对于道路边上会遮住主打招牌的树木，我也在遵守神户市的修剪规定的前提下给予解决。

为了让店铺入口更加显眼，我去掉了上面的弓形结构。这家店主要经营晚餐，所以我毫不犹豫地增加了照明，让光线照亮人行道，提高店铺的发现概率。

至于通过文字传递的信息部分，我为了全力突出“烧烤”，首先缩小了其他文字的大小。其次，原有的外观设置，对这家店的经营内容不够明确，所以我在招牌上反复使用“烧烤”这个词。之所以没有使用汉字，而使用平假名“やきにく”，是为了减弱店铺僵硬和价格昂贵的印象，渲染亲和力，让人们感受到店铺亲切与温和的氛围。同时，我知道大家都不会阅读具体文字，但作为装饰，我用英语写下了能联想到集团公司的说明文字。

我在入口处写下“昭和 45 年创业”，以突出店铺历史之长，还配上鲜牛肉的照片，以表现食材的讲究，这些内容都是为了让人们可以在瞬间感受到店铺特色而设置的。当司机开车进入停车场时，看到这些信息能够获得安全感。

招牌上的箭头也是关键所在。通常人们看到箭头，就会情不自禁地往箭头所指方向看。这个“P→”标志，可以让人们马上明白停车场位于箭头所指方向。

另外，我还加上了“黑毛和牛专营店”的文字。这家店有两大优势，一是“黑毛和牛专营店”，二是“昭和45年创业”的老店，也就是“历史”和“信赖”两大要素。

这家店的人均消费额在4000~4500日元左右，并不是低价位店铺。改装之后，店铺发现率上升，魅力得以传播，顾客进店也明显比以前顺畅了。据说，新顾客数量增加了两倍，付出心血的我也深感喜悦。

②宴之乡“La Nara”①

【背景】

这是一家位于香川县高松市的居酒屋。店铺在民房的基础上扩建而成。这家店在当地非常受欢迎，店家找到我，希望能“继续提升店铺发现率，吸引更多新顾客来店”。

【问题】

我对店铺的第一印象是“零乱”。比如“La Nara”的招

① 日语店名为“Laなら”，为便于文字叙述翻译为“La Nara”。

牌遍布店内外，但是每块招牌分别给谁看，存在的理由是什么，我完全不明白。店铺前面有一块凸出建筑物的招牌，应该是为店铺前来往的人和车辆设置的，但是店前的小路很不起眼，很难引起司机的注意，而且那块招牌非常小，从远处根本看不到。思考过后，我决定“彻底重新改装”。

【改进点】

首先，最容易看到“La Nara”招牌的角度是店铺前面一家大型家电卖场的停车场。我的建议是，要让从那里看过来的人们知道“La Nara”在卖什么。

就店铺门面的改装来说，我首先想到的是舍弃现有的像“家宅”一样的外观，营造符合“餐饮店”的氛围。我实际进店后发现，室内空间很宽敞，可是现有的门面完全无法传递出这一点。因此，我希望设置一个能尽量传递店内宽敞空间的门面。

下面的关键点是先确定：“想成为人们眼中什么样的店？”我希望这家店传达给人们的形象是：有一位女掌柜，每道菜都做得很有特色，是一家有大空间的“小饭馆”，而不是价格低廉的居酒屋。我按照这样的理念调查和参考了其他店铺，发现共通要素是“象牙白的土墙”“深褐色的杉木板”“自然态的木头色”等“和式”造型。我全面借鉴了这些配色，为的是让人们能在瞬间感受到店铺的理念。

另外，为了让人们对店铺的面积有所认知，我准确划定了店铺的区域。店名如果只是“La Nara”，不能明确店铺的经营内容，我又加上了“手工家常菜”的广告语。原有的暖帘很小，入口也不好找，我换了更大的暖帘，让入口位置更加明了。

“La Nara”没有非常醒目的当家菜，但是这里每道菜都非常可口，我希望人们能充分感受到这里的氛围，最终设置了从色调、格局到装饰都能联想到美味料理的店铺门面。

③“窑烤鸡本号”松山三番町店

【背景】

位于爱媛县松山市欢乐街的烤鸡店。店家给我的任务是，让店铺在欢乐街中变得更醒目。这是我 2008 年完成的工作。

【问题】

店铺所在的街道白天门庭冷落，到了晚上却熙来攘往。这家店的问题是，从外面完全看不见店铺在哪里。虽然位于公寓一层，但因为店铺位置后缩（缩在公寓楼里面），所以从外面充其量只能看到立式的招牌，无法看到店铺。公寓业主规定不能在建筑物上打洞，因此不能在墙上挂店铺招牌。

【改进点】

在这个案例中我做的事情很简单，主要就是突出招牌。安装招牌时，我回避了在墙壁上打洞的方法，而是把它架在公寓的柱子上。相对公寓楼的体积而言，这是一块很大的招牌。

店家原本在靠近路边的位置摆出了一块立式招牌，他们觉得，“放在这个位置，从前面走过的人该注意到了吧”。然而，只要不是专业人士，走在路上的行人是不会一边四处张望，一边寻找店铺的。因此，考虑到店铺的实际情况，并且不能损伤建筑，以及旁边还有多家企业或店铺共同打出的其他招牌等因素，实际能够选择的空间很有限，所以我最终把招牌设置在比原先更往前的地方。

说到烤鸡，很多人都会想到炭火烤的方法，然而，这里却是罕见的窑烤，我在招牌上着力强调了窑烤鸡这款当家菜，以便引起人们的兴趣。

我借招牌的冲击力在瞬间吸引路人的注意，让人们对店铺产生兴趣，来到店铺附近的顾客们看到“窑烤鸡”心生好奇，纷纷进店，于是新客户数量直线上升，销售额也达到了原来的123%。

第八章

店铺门面的『翻译』

1. 门面是店铺和顾客之间的翻译

翻译原本就是为了让不同语言的人们能够准确沟通意思而存在的。彼此语言不通，无法交流，所以需要翻译。店铺门面也一样，对于完全不了解的店铺，顾客往往视若无睹，这时想办法让他们驻足，就必须加以介绍说明，一旦顾客得知“哦，是这样的店”，就有可能提升他们的入店率。

我曾经帮助香川县的一家乌冬面馆在中国台湾开店。当时，我真实地感到语言是一个难以跨越的障碍。中国台湾的环境和价值观都与日本不同，只凭言语进行说明，我感受不到信息得以传递的真实感，带来工作上的不安。但是，如果把文字换成装饰、照片或插图，就可以不受语言阻碍，通畅地传播，这实在不可思议。即便是日语文字，只要用手写，也会被当作图案来看待。

中国台湾对日本的语言、文化及料理有普遍的好感。我在店铺前手写下日语文字——尤其是平假名之后，图案的吸引力迅速传递出去，人们瞬间就知道这是一家日本餐厅。我由衷感到，对于那些无法用语言说明的部分，图案成了世界共通的语言。

用手写日语文字作为装饰，来吸引外国顾客

所以说，即便在日本国内，也要应用装饰、表象和冲击力，让顾客感受店铺的氛围，这是非常重要的要素。负责在店外招揽顾客的店员也起到“翻译”的作用，他们代替店铺向顾客进行说明。进行店外揽客的店铺大多不在一层，借助门面有一定难度，不过，仅凭揽客店员的态度，人们对店铺的印象就会产生很大改变，但有时他们也会给店铺带来不良影响。就这一点而言，门面就有自身的优势，它不会对不感兴趣的人产生影响，只会给有兴趣的人留下好印象。

举例来说，专家在制作电影预告片时，会故意省略掉“起承转合”中的“合”部分，吊起观众的胃口。结果，观众因为想看“合”，就会走进电影院。

餐饮店也一样。餐饮店通过门面展现食物的美味，但是实际味道如何呢？为了让顾客知道答案，就要让他们进店。

重视门面的店铺和不重视的店铺反差极大，对于后者我经常感到“非常可惜”，但同时也在某种意义上认识到，这恰恰说明我的工作确实起到了“翻译”的作用。没有必要让所有人都喜欢你家的门面，因为重要的是借此展现目标客户层喜爱的店铺形态。然而令人惋惜的是，不知道这一点的人太多了。

有很多店主不重视门面，只靠料理和服务往前冲。但是作为扩大销路的方法，忽视门面不是太可惜了吗？

还有些店主并不急于求成，而是稳扎稳打地培训员工。不过，如果员工人数较多，或者大家不知道顾客多久后才会光顾，就会感到不安。而且，只要顾客不来，员工们的工作积极性也不容易调动。也有些店铺使用打广告的方法，这种方法确实也能引起一定反响，但其中的很多顾客是冲着折扣来的。

我的客户几乎都不打广告，只靠门面取胜。如果在门面还在施工时就有顾客进来，店家会获得莫大的成就感。而且，原本以一年为周期的揽客目标，根据不同的操作方法，可能几个月内就可以完成。总之，我确信可以通过高质量的门面缩短餐饮店的揽客时间。

2. 成为连接员工积极性、喜悦感及自豪感的店铺

在考虑“生意兴隆的店铺有什么标准”时，我经常问客户:“店长以及店员们愿意（或有自信）把自己认为重要的人带到自家店里就餐吗？请大家考虑一下，自家店铺能让店员做到这一点吗?”

如果是好的餐饮店，店员们会在休息日来店里就餐、消费。除了自己，还会带上朋友或家人。餐饮店能达到这一标准非常了不起，这证明店员以自家店为骄傲。反之，如果没有这种现象出现，就请店长或老板观察一下，店员们有没有士气低落。一旦士气低落，服务质量就会下降。

造成士气低落的原因可能是店长的指导方法、食材选择及烹调方法等环节中，存在表里不一的现象。如果员工有不

满，就会反映在他们的表情和工作中。

还有的原因是，店铺本身非常好，可是招牌有所欠缺，员工向店长谏言也不被重视。这会让员工们觉得在这家店工作颜面无光。而且，如果他们被朋友问起，“喂，你好像在那家店工作啊！”他们还会撒谎说，“我没在那里工作”。这样的“恶性循环”，也是确有其事。

作为经营者，要为员工提供最起码的工作环境及员工自我展现的舞台，这也是经营者职责的重要部分。

店铺的领导层通过对店员进行指导，让他们在工作中感受到喜悦是很重要的。举例来说，社会中有一些人可以进出高级名品店，但也有一些人只能以很少的钱来安排生活。假设有人为了让后者能花更少的钱填饱肚子，开了一家自助餐店，只要这家店能得到很好的宣传，那么员工们都会干劲十足吧。店铺的存在价值在哪里？作为店长，要把这一点清清楚楚地告诉员工们。

因为各家店的营业状况各有不同，不能只按照价格高低一概而论，但是如果员工感觉不到工作的目的和价值，就很难保持旺盛的斗志。反之，像星巴克咖啡那样，员工们看到自家店铺的门面，就会暗自确认：“我在这里工作”这就很有可能产生良好的影响。再说得极端点，如果店铺能让顾客产生“想在这里工作”的念头，就不需要再为人才雇用发愁。

我服务的店家中也不乏苦恼于员工招聘的，他们曾经问我：“每家店都有雇用之苦吧？”对于这一点，我间接地表达了不同的观点，但是很多时候并没有引起他们的注意。

我有位朋友经营了一家烤鸡肉串店。那家店的员工中，就有人先以顾客身份来店里就餐，然后就辞掉了自己当时的工作，跳槽到这家店里成为店员。这对店铺来说，可谓责任重大，但就人才雇用而言，可以说店铺已经具有了吸引人才的最佳环境。至少这个人一定感觉到这里的员工都干得很开心。如果店铺不能吸引到这样的新员工，就要找找自己的原因了。

这家烤鸡肉串店的味道自不必说，员工的脸上也都洋溢着笑容，他们传递给顾客的感受已经超越了员工手册的要求。之所以能产生这样的效果，必定与店长或经营者长期的言传和身教有密切关系。

这家店的门面乍看上去装饰得很华丽，但其实是单纯表现了店铺的内涵，因此可以全部传递给顾客。俗话说，“物以类聚，人以群分”，门面也会召唤同类的顾客。

3. 把制作招牌、门面列入促销费用考虑

我经常在研讨会上向大家建议，为了获取顾客入店动机的数据，使用问卷调查是好方法。以下六条动机可以适用于任何一家店铺。

①以前来过，印象很好（回头客）

②看到招牌（招牌、门面）

③由别人介绍

④恰巧路过（招牌、门面）

⑤网上检索

⑥其他

通过这个调查，我们可以知道顾客来店的原因。调查结果显示了通过哪种渠道来店的顾客最多，从这个结果我们还可以推导出相应的促销战略。如果“恰巧路过”的顾客较少，可以考虑加强招牌效果，如果“回头客”少，就着手改善料理和服务质量。

请大家留意的是，与“招牌、门面”有关的项目有两项之多（②和④）。由此可以得出，设置招牌及门面的费用可以归于促销费用。另外，我们也可以进行关于食物味道的问卷调查，只是结果往往受顾客的口味及当天身体状况的影响，

不能得到客观的结果。而上述有关入店动机的调查，则可以获得非常准确的数据。

下一页上的表格是调查问卷的范例，请结合自家店铺的营业状况，灵活使用。

说到其他促销手段，一般有宣传单页、邮寄广告页及广告杂志等。大部分店家会在第一时间想到发放宣传单页或在杂志上投广告。不过，同时在广告杂志、口碑网站、餐饮类网站上投放一年广告，有时候需要数百万日元的费用。而花同样的钱制作一款招牌，却可以使用终生，比较之下，招牌不是很合算吗？

广告杂志和口碑网站的益处是可以附赠优惠券和易于检索到店铺等。但同时，附近相似的店铺也会作为候选登出来。这很可能使得顾客转而选择别家。顾客在网络上搜索到其他店铺后，很有可能对本质之外的其他细小环节进行比较。

而门面则是顾客当场感受，当场进店，从直觉判断到下定决心的过程时间很短，因此对店家非常有利。而且，门面还有一大好处就是，可以一年 365 天、一天 24 小时都作为店铺宣传推广的道具。从这个意义上说，在特定地理条件下，门面会成为更有效的促销手段。

● 可以把您的意见或建议刊登在报纸、博客等地方吗?

□可以　□可以匿名刊登　□不可以　←请在方框内打钩。

● 您光临本店的时间、人数【　　月　　日　　点来店　　人数:　　】

● 此次是您第几次光临本店?　1.第一次　2.第(　　)次

● 此次您光临本店的原因是什么?　　1.以前来过, 印象不错　2.看到招牌　3.别人介绍　4.恰好路过　5.网上检索　6.其他(　　)

姓名:　　　　年龄:　　电话:

住址:

感谢您的支持!烦请将调查问卷放入收银台旁边的回收箱内。

<有关保护个人信息问题>

您在表中填入的个人信息, 我们将妥善管理, 只用于今后为您发送宣传品, 而绝不会用于其他目的, 或未经您许可公开及转与他人。

“顾客之声”调查问卷中还包括顾客进店动机等调查项目

销售额是各要素之间的相乘效果。除了门面之外，还包括员工教育、料理改进、邮寄广告页及网络促销等，如果这些方面都能加以改进当然很理想，但不是所有店家都有条件花费这么多的金钱和时间逐一运作。所以，不如采取集中力量主攻某一点的方法。如果店铺前总是人来人往，集中主攻门面就会很有利。现在几年就翻新一次门面的店铺可能非常少，但如果店家坚持营业 3～5 年，其实就可以收回成本。

4. 店铺兴隆与否，全凭老板的想法

一家店的方方面面都是由老板的想法决定的。从一道菜的调味，到使用的餐具，再到装盘要听老板的，员工的服务、制服、发型、化妆等也要老板点头，可以说，老板的决定直接影响店铺变好或变坏，并且，这些全都会传达给顾客。

另外，店铺卫生打扫得是否彻底，确定主打商品以及如何向顾客推荐商品等也一样。不过，有的老板觉得“只要做出来就 OK”，还有的老板只在意是否有投诉。如果老板用这样的态度经营，店铺的结果似乎不难想象。

与一个人的发展相同，店铺能否兴旺也是“窥一斑可知全豹”。老板想怎么做，他的想法越强烈，员工就越能清晰地感受到。他们的一个动作、一句话语、一个表情都会传达给顾客。这种影响看起来似乎是间接的，但实际却是直接的。

说到我自己，我与客户进行沟通时，如果对方能把对店铺、对顾客以及对未来的想法都清楚地告诉我，仅此就让我干劲十足，内心不断涌起要为这个客户设计出好作品的想法。我想店员也是如此。

我反复摸索设计样式，希望改进门面构思，但如果老板不下决断，我就什么也做不了。每家店铺开始的背景及今后的目标都不同，门面的构思也随之不同，最终决定构思是否可以的还是老板。也有的老板把全部的决定权都交给我，这要由当事者的性格决定。

其中也有的客户因为出了钱，所以要发表意见。基本上很多老板就是不喜欢听人指挥才成为老板的，因为都是想按照自己想法行事的人，所以总想着在这里或那里发表意见。不过，大家对于“想做出好东西”的想法是一致的，因此可以共同讨论，这对我来说也是高兴的事。

但是，对于嘴上说“交给你了”之后，还不断下达指令的老板，我担心，“他与员工能相处融洽吗？”委托给我工作的老板同样也会委托工作给员工，如果老板一边说着“交给你了”，一边还指指点点，当事人会觉得，“你不是说交给我了吗？那干脆你来干吧”。这样的店铺是不可能运转顺利的。

当然，根据规模上的差异，有的店铺或企业并不需要老板事必躬亲，他们实行自动分组的工作方式，并且运转良好，所以对店铺运营与老板决断的关系也不能一概而论。只是在我承接门面工作的餐饮店中，确实有很多个人店，这些店铺的运营及员工培养都在老板的意识下展开，还请大家知晓。

老板一点一滴的想法都会反映在店铺运营中，请老板意识到自己的一言一行都会影响到来店的顾客，平时也要对员工多用心。

5. 时刻保持客观审视和自尊心

有人问，到底为什么要设置门面？我的回答是，因为有自尊心。也就是内心怀有“即便旁边有同行业的其他店铺，我也不会输”的强烈信心，或者怀有哪怕只有一家店也要一直做下去的荣誉感。这是比什么都可贵的。

此外，还要能冷静、客观地审视周围人如何看待自己的店。能让大家真心愿意来自家店吗？请拿自家店与你经常去的店比较一下。你自己平时去什么样的店，为什么不来自家的店，请不要故意回避，认真想一想。

在面向餐饮店搞的活动上，我会和很多人交换名片，多时甚至达百人，但是没有一个人过来向我宣传他的店。也许觉得没什么要说的，绝大部分店家都是一句“我家店是做〇〇的”便没了下文。

迄今为止只有一位店主例外。这位店主的名片正面画着他自己拿着自家商品的插图，背面是主打商品的照片。我说名片上的食物看上去很好吃，他说：“我们的食物甭提多好吃了！”然后就向我详细宣传了一番。说得我都想去品尝一下。

老板必须每时每刻当好自家店的顶级推销员，而且还要充当自家店最好的营业员。即使对表面看上去不是目标客户的人，也要进行宣传，否则就要出局。如果想让人们都光顾自家店铺，就要时刻做好准备。即使稍有偏离目标客户群，只要经常向遇见的人介绍、说明自家店，就等于每天都在做经营，这种力量可以传递到四面八方。

只要你坚持像金牌推销员那样工作，并且有最高级的门面进行 24 小时的宣传，你的店铺绝对不可能不兴旺。

由我说出这样的话可能有点奇怪，那些认为只要换了门面就万事大吉的店主，注定要走入歧途。因为门面只是店铺经营的一部分，它归根结底只是吸引新顾客来店的重要手段，但是，顾客进店后，店铺如果不能表现出让顾客再次光临的吸引力，就只有永无休止地促销下去。大概几乎所有的店都是这样。话说回来，也正因为如此，你的店才可能有机会。

至此，我为大家讲解了如何战胜别家店铺的方法。再重复一遍，没有必要尝试所有的方法。对我来说，重要的是让大家意识到店铺现在有什么不足，对店铺来说最关键的是什么。只要能有所意识并加以认知，就向前迈进了一步。下一步就着手付诸落实吧。

请时刻保持着客观审视的态度和自尊心，让店铺全面成长，同时向着不断被顾客认可的、生意兴旺的店铺进化吧！

后　记

谢谢您阅读完此书。通过这本书，我最想说的是“可能性和决断”。

我 30 岁时独自在爱媛县创业，从事制作广告牌的生意。后来，随着员工不断增加，我感到非常苦恼。当时制作广告牌的商家随处可见，我的客户是建筑店和土木工程店，由他们接受民间店铺的订单。建筑店和土木工程店看重的只是价格、速度和免设计费等，只要把这些做好，就能取悦他们。但是，我却不知道订货的民间店铺是否满意我的工作。同时，我也经常怀有危机感，不知什么时候就被别的商家取代。是的，客户选择我的理由是什么，我并不清楚。

这样的心理活动，使我决定不再从建筑店和土木工程店接业务，我要和理解广告牌公司价值的人一起工作。因为我相信，通过探究广告牌的意义是什么，广告牌的作用是什么，我能够让客户发自内心地喜悦。

但是，作为广告牌公司，有没有这样的想法，客户是无法分辨的。所以，我一直寻找能展现我这种想法的领域，让客户也能感觉到我与其他公司明显的不同。

于是，我锁定了餐饮店门面这个范围。起初我为了确保客户销售额的提升，将我能否赚到钱置之度外，只看重最终的成果。后来，我的工作取得了不错的业绩，和客户建立了信任。

请您不要放弃自己的可能性。昔日我在爱媛县的乡下一个人起步做广告牌，今天也可以著书立说。做广告牌和做餐饮同样是实业，都是制作物品。一家店铺——拉面也好，乌冬面也好——必定会有与众不同之处。我想这种与众不同，正是在怀有强烈地希望顾客高兴的情感下孕育而出的。

只有您才能做成的事情还有很多。对于您的店铺，有没有哪些地方因为太理所当然，反而没有充分说明，或者展现得不到位呢？如果是这样，就太可惜了。

可以说，顾客对烹制食物知之甚少。哪怕是一份菜单，即使它制作得不够漂亮，也不够体面，只要您的愿望足够强烈，其中的特色也能够传递给顾客。

店铺门面也是这样。来参加活动的客户中，也不乏认为我的设计“很土”的人。这没有关系。就算把门面设计得体面又时尚，但店铺生意上不去，也没有意义。我的工作不是只为制作外表漂亮的门面，而是认真地思考怎样才能让更多顾客进店消费。

所以，请您再好好想想，如果要让顾客高兴，现在必须做的是什么……

一定还有很多顾客正在寻找您的店铺。就算为了那些顾客，也请您当机立断。如果能正确改善门面，进店顾客的构成也会改变。

说不定那些顾客正是您真正期盼的。请您提升门面的吸引力，接待新顾客。

不管什么事情，请把它做到极致。只要一件就可以，这样您就不会输给任何人。作为个性，每个人在某方面必定都具有一定的潜质。所以，下定决心继续做那些您能做的事情。这样的决断能带动周围的人，引导您遇到贵人。

不管怎样，希望您通过“可能性和决断”，把您的店铺经营得有声有色。

最后，我衷心感谢让我与商业界出版社结缘的 SPIRALUP 公司原邦雄先生，Energy Source 公司高村幸治先生，以及协助执笔的Excel Writing户田美纪女士。少了你们中的哪一位，我都不可能出现在这里。同时，我也要向阅读这本书的各位朋友，以及所有与此书相关的朋友们献上深深的谢意！

“服务的细节”系列

《卖得好的陈列》：日本“卖场设计第一人”永岛幸夫

定价：26.00 元

《为何顾客会在店里生气》：家电卖场销售人员必读

定价：26.00 元

《完全餐饮店》：一本旨在长期适用的餐饮店经营实务书

定价：32.00 元

《完全商品陈列 115 例》：畅销的陈列就是将消费心理可视化

定价：30.00 元

《让顾客爱上店铺 1——东急手创馆》：零售业的非一般热销秘诀

定价：29.00 元

《如何让顾客的不满产生利润》：重印 25 次之多的服务学经典著作

定价：29.00 元

《新川服务圣经——餐饮店员工必学的 52 条待客之道》：日本“服务之神”新川义弘亲授服务论

定价：23.00 元

《让顾客爱上店铺 2——三宅一生》：日本最著名奢侈品品牌、时尚设计与商业活动完美平衡的典范

定价：28.00 元

《摸过顾客的脚才能卖对鞋》：你所不知道的服务技巧，鞋子卖场销售的第一本书

定价：22.00 元

《繁荣店的问卷调查术》：成就服务业旺铺的问卷调查术

定价：26.00 元

《菜鸟餐饮店 30 天繁荣记》：帮助无数经营不善的店铺起死回生的日本餐饮第一顾问

定价：28.00 元

《最勾引顾客的招牌》：成功的招牌是最好的营销，好招牌分分钟替你召顾客！

定价：36.00 元

《会切西红柿，就能做餐饮》：没有比餐饮更好做的卖卖！ 饭店经营的“用户体验学”。

定价：28.00 元

《制造型零售业——7-ELEVEn 的服务升级》：看日本人如何将美国人经营破产的便利店打造为全球连锁便利店 NO. 1！

定价：38.00 元

《店铺防盗》：7 大步骤消灭外盗，11 种方法杜绝内盗，最强大店铺防盗书！

定价：28.00 元

《中小企业自媒体集客术》：教你玩转拉动型销售的 7 大自媒体集客工具，让顾客主动找上门！

定价：36.00 元

《敢挑选顾客的店铺才能赚钱》：日本店铺招牌设计第一人亲授打造各行业旺铺的真实成功案例

定价：32.00 元

《餐饮店投诉应对术》：日本 23 家顶级餐饮集团投诉应对标准手册，迄今为止最全面最权威最专业的餐饮业投诉应对书。

定价：28.00 元

《大数据时代的社区小店》：大数据的小店实践先驱者、海尔电器的日本教练传授小店经营的数据之道

定价：28.00 元

《线下体验店》：日本“体验式销售法”第一人教你如何赋予 O2O 最完美的着地！

定价：32.00 元

《医患纠纷解决术》：日本医疗服务第一指导书，医院管理层、医疗一线人员必读书！ 医护专业入职必备！

定价：38.00 元

《迪士尼店长心法》：让迪士尼主题乐园里的餐饮店、零售店、酒店的服务成为公认第一的，不是硬件设施，而是店长的思维方式。

定价：28.00 元

《女装经营圣经》：上市一周就登上日本亚马逊畅销榜的女装成功经营学，中文版本终于面世！

定价：36.00 元

《医师接诊艺术》：2 秒速读患者表情，快速建立新赖关系！ 日本国宝级医生日野原重明先生重磅推荐！

定价：36.00 元

《超人气餐饮店促销大全》：图解型最完全实战型促销书，200 个历经检验的餐饮店促销成功案例，全方位深挖能让顾客进店的每一个突破点！

定价：46.80 元

《服务的初心》：服务的对象十人百样，服务的方式千变万化，唯有，初心不改！

定价：39.80 元

《最强导购成交术》：解决导购员最头疼的 55 个问题，快速提升成交率！
定价：36. 00 元

《帝国酒店——恰到好处的服务》：日本第一国宾馆的 5 秒钟魅力神话，据说每一位客人都想再来一次！
定价：33. 00 元

《餐饮店长如何带队伍》：解决餐饮店长头疼的问题——员工力！ 让团队帮你去赚钱！
定价：36. 00 元

《漫画餐饮店经营》：老板、店长、厨师必须直面的 25 个营业额下降、顾客流失的场景
定价：36. 00 元

《店铺服务体验师报告》：揭发你习以为常的待客漏洞 深挖你见怪不怪的服务死角 50 个客户极致体验法则
定价：38. 00 元

《餐饮店超低风险运营策略》：致餐饮业有志创业者 & 计划扩大规模的经营者 & 与低迷经营苦战的管理者的最强支援书
定价：42. 00 元

《生鲜超市工作手册蔬果篇》：海量图解日本生鲜超市先进管理技能
定价：38.00 元

《生鲜超市工作手册肉禽篇》：海量图解日本生鲜超市先进管理技能
定价：38.00 元

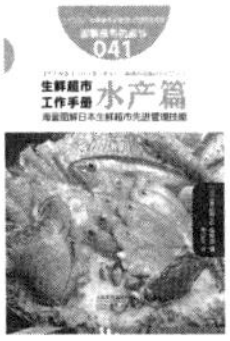

《生鲜超市工作手册水产篇》：海量图解日本生鲜超市先进管理技能
定价：38.00 元

《生鲜超市工作手册日配篇》：海量图解日本生鲜超市先进管理技能
定价：38.00 元

《生鲜超市工作手册副食调料篇》：海量图解日本生鲜超市先进管理技能
定价：48.00 元

《生鲜超市工作手册 POP 篇》：海量图解日本生鲜超市先进管理技能
定价：38.00 元

《日本新干线 7 分钟清扫奇迹》：我们的商品不是清扫，而是“旅途的回忆”
定价：39.80 元

《像顾客一样思考》：不懂你，又怎样搞定你？
定价：38.00 元

《好服务是设计出来的》：设计，是对服务的思考

定价：38.00 元

《让头回客成为回头客》：回头客才是企业持续盈利的基石

定价：38.00 元

《餐饮连锁这样做》：日本餐饮连锁店经营指导第一人

定价：39.00 元

《养老院长的 12 堂管理辅导课》：90%的养老院长管理烦恼在这里都能找到答案

定价：39.80 元

《大数据时代的医疗革命》：不放过每一个数据，不轻视每一个偶然

定价：38.00 元

《如何战胜竞争店》：在众多同类型店铺中脱颖而出

定价：38.00 元

《这样打造一流卖场》：能让顾客快乐购物的才是一流卖场

定价：38.00 元

《店长促销烦恼急救箱》：经营者、店长、店员都必读的“经营学问书”

定价：38.00 元

《餐饮店爆品打造与集客法则》：迅速提高营业额的“五感菜品”与“集客步骤”

定价：58.00 元

《赚钱美发店的经营学问》：一本书全方位掌握一流美发店经营知识

定价：52.00 元

《新零售全渠道战略》：让顾客认识到“这家店真好，可以随时随地下单、取货”

定价：48.00 元

《良医有道：成为好医生的 100 个指路牌》：做医生，走经由“救治和帮助别人而使自己圆满”的道路

定价：58.00 元

《口腔诊所经营 88 法则》：引领数百家口腔诊所走向成功的日本口腔经营之神的策略

定价：45.00 元

《来自 2 万名店长的餐饮投诉应对术》：如何搞定世界上最挑剔的顾客

定价：48.00 元

《超市经营数据分析、管理指南》：来自日本的超市精细化管理实操读本

定价：60.00 元

《超市管理者现场工作指南》：来自日本的超市精细化管理实操读本

定价：60.00 元

《超市投诉现场应对指南》：来自日本的超市精细化管理实操读本
定价：60.00元

更多本系列精品图书，敬请期待！

图字：01-2018-1190 号

图书在版编目（CIP）数据

餐饮店简单改换门面，就能增加新顾客／（日）户田大辅 著；王筱卉 译. —北京：东方出版社，2018.8
（服务的细节；074）
ISBN 978-7-5207-0492-2

Ⅰ.①餐…　Ⅱ.①户…②王…　Ⅲ.①饮食业—商业经营　Ⅳ.①F719.3

中国版本图书馆 CIP 数据核字（2018）第 150467 号

服务的细节 074：餐饮店简单改换门面，就能增加新顾客
（FUWU DE XIJIE 074：CANYINDIAN JIANDAN GAIHUAN MENMIAN，JIUNENG ZENGJIA XINGUKE）

作　　者：［日］户田大辅
译　　者：王筱卉
责任编辑：崔雁行　高琛倩
出　　版：东方出版社
发　　行：人民东方出版传媒有限公司
地　　址：北京市东城区东四十条 113 号
邮　　编：100007
印　　刷：北京文昌阁彩色印刷有限责任公司
版　　次：2018 年 8 月第 1 版
印　　次：2018 年 8 月第 1 次印刷
开　　本：880 毫米×1230 毫米　1/32
印　　张：6.125
字　　数：108 千字
书　　号：ISBN 978-7-5207-0492-2
定　　价：68.00 元
发行电话：（010）85924663　85924644　85924641